まんが版

人生に奇跡が起こる

マーフィーの法則

Joseph Murphy's無限の力研究会

水島みき まんが

三笠書房

はじめに

幸運も成功も、手に入れ放題！
口にしたことが現実化する魔法があります！

想像した未来が、現実に変わる！

「願いが必ず実現する」

願うだけで誰にでも幸運が舞い込むという夢のような理論を唱えたのは、牧師であり、５つもの博士号をもつアメリカのジョセフ・マーフィー博士です。

マーフィー博士は教育者、講演家、カウンセラーとしても活躍し、世界中に多大なる影響をあたえてきました。かつてマーフィー博士自身が、若い頃にわずらった悪性腫瘍《しゅよう》、つまりがんを「自分自身の思い」を変えることで完治させた経験があり、それをもとに誰でも自分の中に眠った力を引き出せる法則を見つけ出

し、体系化しました。この力を使って、多くの人のあらゆる願い――**病気の改善**はもとより、**金持ちになりたい、周囲がうらやむ恋人がほしい、歴史に名をのこす偉人になりたい**といった欲望を、ことごとくかなえていったのです。

これが「マーフィー理論」誕生の瞬間です。マーフィー博士は世界各国で講演をする傍ら、数十万もの人の多種多様な夢や願いの相談にこたえてきました。

マーフィー理論はとても簡単なうえに、複数の願いをまとめてかなえることもできたのです。絶大な効果を発揮するマーフィー理論を説いた博士自身の40冊以上の著作は、世界中でベストセラーとなり、博士の死後、数十年がたった今もなお、その人気はつづいています。

「願えばかなう」なんてありえない、と思うかもしれません。

けれど、それで成功した人は世界中にいるのが事実です。

あなたの内奥には無限のパワーが秘められている

マーフィー理論では、あなたの願いをかなえるのは神でも他人でもなく、あなたの中に眠る「意識」の力だと説いています。意識を氷山にたとえると、海面から上に出ている部分はわずか10％であり、大部分は海の中に隠れています。
その海上に出ているわずかな部分が「顕在意識」であり、自我とも呼ばれる部分です。海中に隠れている部分は、無意識ともいう「潜在意識」です。潜在意識はあなたの心の90％をも占めており、そこには過去の経験のすべてが蓄積されています。無意識の行動や考え方を決定づける、あなたという人間の根幹であり、成功も富も恋愛も健康も、すべてを引き寄せてくれる力の秘密がある部分です。
人は誰でも生まれながらに潜在意識の無限の力をもっています。ですが多くの人はその力を感じるどころか、存在にすら気づいていません。だから失敗したり、願いがかなわなかったりするのです。

「よいことを願えば、よいことが起こる」
「心底願ったことは、必ず実現する」

マーフィー理論の原理はとてもシンプルで明快です。実際に使うときのコツについては、本文でわかりやすく説明していきます。

神々の正体は、あなたの中のこのパワーだった！

多くの人々が信仰している「神」とは、「潜在意識の力」そのものを指しているとマーフィー博士はいいます。神は本来、あなたの中にいる「手足よりも身近な存在」なのです。さらにいうなら、神は自分自身です。「神はすべてを見ている」とよくいいますが、自分が自分自身のしたことをすべて知っているのは当然です。顕在意識では自覚していないことも、潜在意識はすべて見ています。

人間関係も仕事も健康も、大きく願うが吉！

マーフィー理論をまんがでわかりやすく紹介する本書は、幸運を呼び込む法則を正しく使うコツをたっぷり盛り込みました。さまざまな悩みを抱えた登場人物たちが奮闘する姿は、あなたの未来を好転させるヒントを示してくれることでしょう。

さあ、あなたが願うすべてを、最高の人生を手に入れましょう！

目次

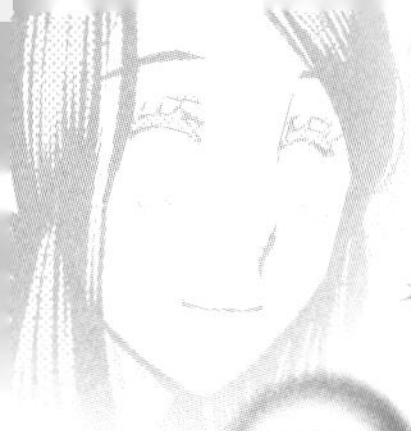

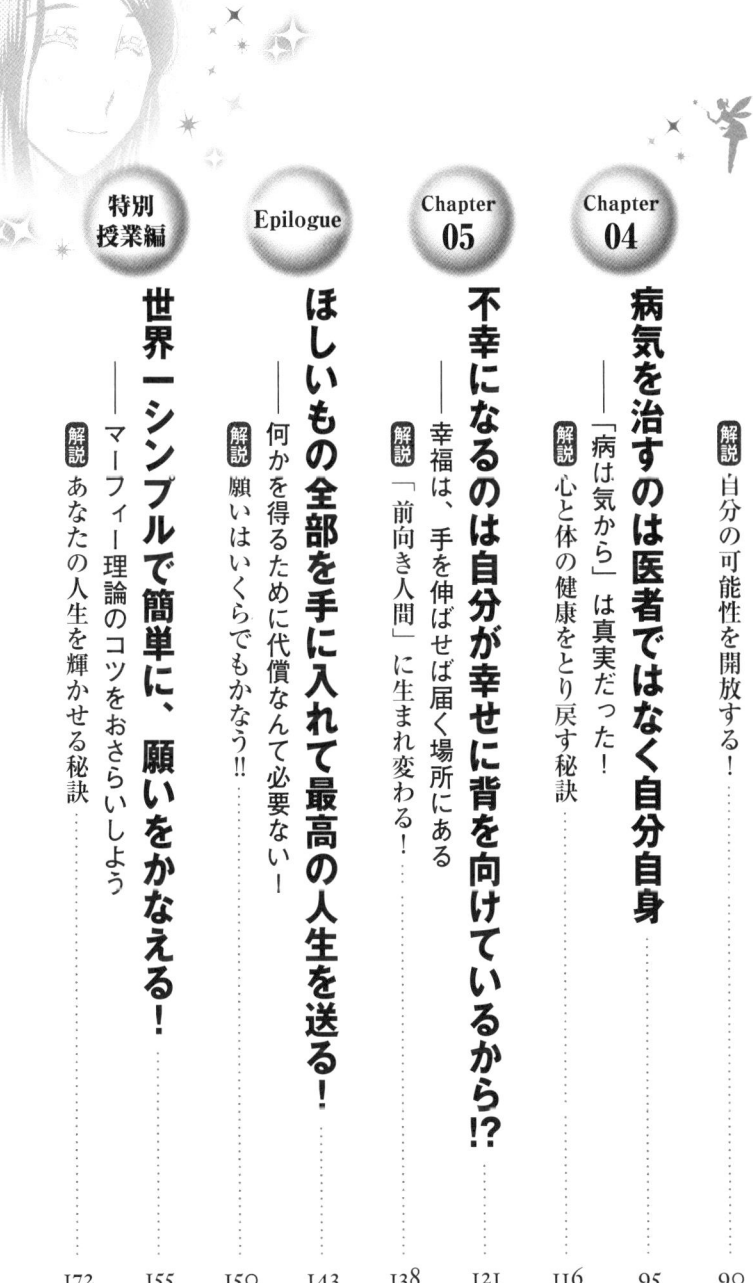

登場人物紹介

麻亜富瑠璃子《まあふるりこ》(24)
丈正会長の孫娘。祖父の秘書であり「希望荘」に管理人として潜入する。普段は優しいが、怒ると怖い。

麻亜富《まあふ》 丈正《じょうせい》(78)
マーフィー・コーポレーション会長。ジョセフ・マーフィーの理論を会得《えとく》し、無一文から成功した資産家。

大正時代に建てられた銭湯を改装したアパート。
現在はマーフィー・コーポレーションの所有。

希望荘の住人

304号室
岡林若菜《おかばやしわかな》(26)
あるトラウマから、自分に自信がない。

305号室
上田美卯《うえだみう》(19)
音大1年生。学園祭でソロで歌うことになった。

301号室
山本学《やまもとまなぶ》(22)
母とふたり暮らし。
春から新社会人。

302号室
鈴木光子《すずきみつこ》(68)
ウワサ話が大好き。
元気なおばあちゃん。

303号室
若井清《わかいきよし》(35)
アルコール依存症ですべてを失い、今は無職。

204号室
平野幸信《ひらのゆきのぶ》(27)
キャラクターデザイナー。
職場の副社長が苦手。

205号室
高安聡《たかやすさとる》(30)
株に手を出し、破産してしまう。

206号室
佐藤正明《さとうまさあき》(24)
医師国家試験を控え、猛勉強中の医大生。

201号室
里見康弘《さとみやすひろ》(40)
昨年離婚。別れた妻と息子の親権でもめている。

202号室
三谷久美香《みつやくみか》(27)
妻子持ちの上司との不倫に悩んでいるＯＬ。

203号室
久本行雄《ひさもとゆきお》(48)・千恵《ちえ》(47)
結婚して 20 年の夫婦。
最近はすれ違いぎみ。

Prologue

どんな願いもかなう究極の成功哲学！

——苦境を幸せにつなげる方法

キッ
パラロロ
……
「希望荘」か…
このアパートを購入したのは今後の事業計画のためなんだ…
おじいさま？

計画のためには
ここを取り壊さねばならない
今いる住人には全員 立ち退《の》いてもらうしか…
しかし それは…
おじいさま…
マーフィー・コーポレーション会長
麻亜富丈正《まあふじょうせい》（78）
瑠璃子《るりこ》…
おじいさまの考えは瑠璃子が一番よくわかっております
目的をとげるために
どうぞ私をお使いになってください
会長秘書・孫娘
麻亜富瑠璃子《まあふるりこ》（24）

きゃっ
では いってまいります
頼むぞ 瑠璃子…
コツ
「希望荘」
大正時代に建てられた古い銭湯を3階建てのアパートとして改装している
1階が大浴場 2、3階に各6室
3階の306号室が管理人室
現在満室
あれっ
新しい管理人さん!?
202号室 三谷久美香《みつやくみか》（27）
302号室 鈴木光子《すずきみつこ》（68）
304号室 岡林若菜《おかばやしわかな》（26）

…よろしく お願いします
にっこり
うっわー！
すっごい美人！
私は 202号室の 三谷久美香！
よろしく！
私 慣れてなくて 頼りないけど
いろいろ教えて くださいね
住人には それぞれの生活が あるだろう
金にまかせて 追い出すような マネはできん
我が社の財力で 立ち退き料を 通常より 多額にすれば 円滑にいくのかも しれない
ただ 法外な金額は 筋に合わないし
住人たちの 人生にとって プラスには ならないだろう

そこで考えた…
袖振《そでふ》り合《あ》うも多生《たしょう》の縁《えん》
私がこうして今の地位を築くまでの助けとなった
米国の牧師ジョセフ・マーフィーの成功メソッドを
住民一人ひとりその人に合った方法で伝えたい
マーフィーの思考法では
潜在意識には無限の力が潜んでおり
そのコントロール法さえマスターできれば
どんな「欲望」も100%かなう

そうすれば
「希望荘」の住人も
今よりすばらしい
管理人さん
人生がはじまる
はずなのだから…
管理人さん!!
一緒にお風呂
入らない?
初対面で
なんだけど
えっ
ここの大浴場
みんなの
サロン代わりに
なってるの
302号室の
鈴木さんと
304号室の
岡林さんもよく
一緒に入るのよ
とくに鈴木さんは
ここの情報通だから
みんなのこと
いろいろ教えて
もらえるはず
は
はいっ
よろしく
お願いします!
ガラッ
さぁ
お仕事の
はじまりです!

解説

かなわない願いなんて存在しない!!
この「奇跡」が自分のものに!
――世界中の人を救ったとっておきの理論

「希望荘の住人が、旅立ったあともしっかり自分の力で幸せをつかめるように、マーフィー理論を伝えてきてくれ」

「はい。『心の底から願えば必ず実現する』というのがマーフィー博士の教えですよね」

「そうだ。困ったときや、どうしてもかなえたい望みがあるとき、人はつい神に向かって『神さまお願い!』と祈ってしまう。だが、その願いを本当にかなえてくれるのは、その人自身の心の奥深くに眠った力なのだ」

「マーフィー博士もその力で自身の大病から快復しましたね。彼の助言で大成功した人、素敵な恋人と出会った人の実例は数多くあります」

「まずは、潜在意識がもつ力は誰でも使うことができること、そして誰でもあふれる幸運を手に入れられるということを知ってもらおう」

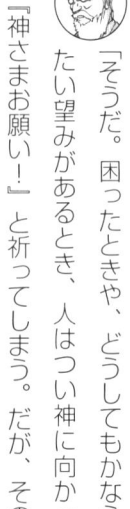

▲ジョセフ・マーフィー（1898 ～ 1981 年）。
〈写真：Ali iranlo〉

ニューソート

「人間の心情と意識と生命は宇宙と直結している」
「原罪は存在せず、あらゆる人がキリストの力を内包している」
など、聖書の内容を従来とは異なる科学的視点で解釈する思想。

↓

「気持ちを明るく保てば人生がうまくいく」という成功哲学につながっていく。

「眠りながら成功できる！」マーフィー理論が誕生するまで

ロサンゼルスにあるディヴァイン・サイエンス教会が、マーフィー博士が潜在意識の力を人々に伝える拠点のような場所でした。毎週日曜日には約1500人の聴衆に勇気をあたえる講演をし、毎日のラジオ番組も大人気でした。

ディヴァイン・サイエンス教会とは、キリスト教の一派で、19世紀にアメリカで起きた宗教運動**ニューソート**から生まれました。聖書や神の奇跡を科学的に考えようという思想です。

ニューソートの源流は、心理療法家**フィニアス・クインビー**の理論だといわれています。クインビーは「病気は、患者がもつ間違った信念だから、信念を正せば病気も治る」と考え、実際、多くの患者の病状がその理論によって快復していきます。彼の理論はメスメリズムと呼ばれ、のちの催眠療法に発展していきました。
メスメリズムは病気の治療法として体系化されたものですが、そこから「問題を解決する」「願いをかなえる」「思いどおりの人生を手に入れる」という理論が次々と生まれていきます。成功哲学の開祖といわれるナポレオン・ヒルも、ニューソートの流れを汲《く》んでいます。
マーフィー博士はあらゆる悩みや不安、ストレスを、信念、つまり潜在意識の力で解消できると考えました。**ニューソートや成功哲学などのさまざまな理論を、わかりやすく体系化したのが、マーフィー理論**だといえるでしょう。

〝カツカツの生活〟から たった1カ月で抜け出した男性

ある男性は莫大な借金を抱え、追い詰められていました。マーフィー博士は、彼の絶望した心こそ、状況を悪化させる要因なのだと教え、気持ちを切りかえて、毎日「自分は富に恵まれる」と唱えるように説きました。
すると、彼の友人たちが、頼んでもいないのに数千ドルも用立ててくれ、最悪の状況から脱することができたのです。しかもその後、別の友人がくれた馬券が大当たりし、借金を清算しても余るほどの大金を手に入れました。
嘆いても奇跡は起きません。男性が毎日唱えたからこそ、潜在意識がこたえてくれたのです。

Chapter 01

豊かな想像力がベストパートナーを引き寄せる

――あきらめ人生を逆転させる秘訣

このアパートはいろんな人が住んでいるのよね
学生さんからご夫婦まで
家賃が安いのは助かるけど古くてボロくて…
びっくりしたでしょ管理人さん
えっ
い
いいえ
昔の建築は趣《おもむき》を感じますし
それはそれですばらしいと思いますよ？
ニコニコニコ
じっ
瑠璃子さんてなーんかすっごくいいところのお嬢さまっぽいのよね…
セレブなオーラが…
こんなボロアパートの管理人なんて全然イメージ合わない感じ！
どうしてウチにくることになったの？
え

そっ　そんなこと　ございま…　いえ　ありませんっ
わっ　わたくし　好きなテレビ番組は「暴れん◯将軍」で　好きな歌手は　北島◯郎ですっ
なんなの　そのベタな　庶民設定…
もう…　いいわよっ！
そんなに奥さんが　怖いなら　もう　電話してくんな！
バカッ
ピッ
……!!
はは…
みっともないところ　見せちゃった…かな？
三谷さんは　会社の上司と　現在不倫中　最近かなり　煮つまってて　ご機嫌　ななめなの
イラッ
鈴木さん
聞こえて　ますけど…

カコーン…
あーあ…
私って昔から
つくづく
男運がないのよねー
はあ…
いっつも
そうなの
昔の彼氏も
みんなダメ男
ばっかりだったし
不幸呼び寄せオーラが
出てるんじゃないの？
三谷さん
鈴木さん
うるさいっ
いっそ部長を
奥さんから奪っちゃ
おうかなー
そしたら一転して
恋愛の勝ち組に
なれるのに…
本当に？
…え？

本当にそう思っているんですか？三谷さん
家庭のある人を自分のものにしたらいろんな人が不幸になりますよね
それで
そのあと三谷さんは相手と幸せになれますか？
そ…
そんなことは…
三谷さん…
気分転換に私と遊びに行きましょう！
…え
ええっ!?
限られた対人関係の中で悩んでも よい答えは出ないといいます！
そんなときはリフレッシュ!!

悩んでいるときはいろんな世界を知るといいんですよ！
……
やあ 瑠璃子さん
久しぶり！
おじいさまは元気？
はい おかげさまで
なんか…テレビで見たIT企業の社長がいるんですけど！
こっちは有名な若手音楽家!!
このところ姿を見なくて淋しかったよ
大切なお仕事がありまして…
今 アパートの管理人をしているんです
へぇ 君が？
瑠璃子さんっていったいどーいう…
君は？
瑠璃子さんの仕事関係の仲間とか？
えっ
いえっ

あ
あの
その
ぱくぱく
管理人って 何かのプロジェクトのリサーチかな
彼女 実地での体験を重視するから
クラウドファンディングがこれからの才能発掘の
投資型は日本ではいまひとつ
なんのことやらさっぱり
……
瑠璃子さん
今日はありがとう…
なんかちょっと 頭スッキリした…
三谷さん…

私ってば
男運の悪さを
環境のせいにして
周りにいい男が
いないから
ダメなんだって
思ってたんだ
でも
今日みたいに
いきなり
セレブやエリートを
目の前にしても
自分にスキルや
知識がなければ
なんのつながりも
生まれないし
もう少し
マジメに
自分のこと
考えてみるよ
部長のこととか…
このままじゃ
マズいよね
まぁ
私なんかが
いくら頭使っても
ダメダメかも
しれないけどね
…ダメです
え？
ダメです
三谷さん！
がしっ
ダメって
いっちゃ
ダメなんです!!

瑠璃子さん…!?
願うことは本気でなきゃダメなんです!
「ダメかも」とか「自分なんて」と思ったら絶対に願いはかないません!
ル…
瑠璃子さん?
はっ
す…すみません
じつは
私の家ではジョセフ・マーフィー博士という世界中の人々を救った牧師の金言をとても大切にしておりまして…
今の言葉はマーフィー博士がとくに強くいわれていたことなのです…
そんなにすごい人なの?
はい!
祖父はマーフィー博士の訓《おし》えを守って一代で財を築きました!
やっぱ お嬢さまだったんだ瑠璃子さん…

やあ ぼく マーフィー
よろしくね
マーフィーは 牧師というお仕事がら とても多くの人から 相談を受けた そうですが
いろいろな人の 悩みを聞くうちに
では 人が幸せになり 成功するには何が 必要か？ と考える ようになったんです
幸せ
知りたい……!!
成功
ざっくり いうと――
どんなことも〝できる！〟
〝自分の願いは ぜーんぶかなう〟と思うこと!!
それだけです！
はい？
……それだけ？
はい それだけです

いやいや
何 激甘なこと いってんの 瑠璃子さん！
え…
うん
それくらいは知ってるけど
人間には 〝潜在《せんざい》意識〟って ありますよね？
こうやって今 意識している考えが 〝顕在《けんざい》意識〟
で
その奥にある 無意識が〝潜在意識〟
潜在意識は いわば
海に浮かぶ 氷山の水面下部分の ようなもので
わー！
10%
90%
潜
じつは 脳の90%という 広大な領域を 支配しています

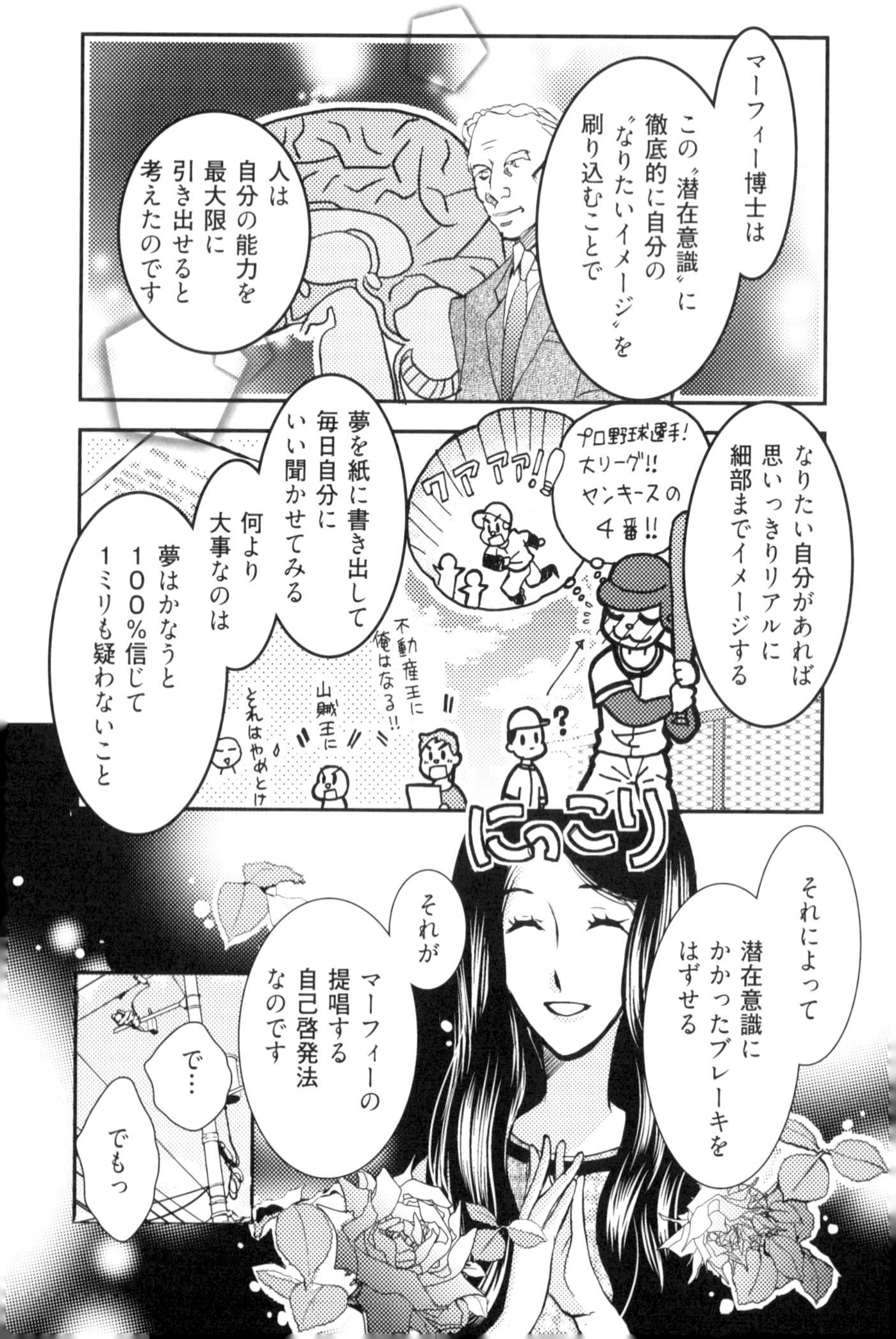
マーフィー博士は
この〝潜在意識〟に徹底的に自分の〝なりたいイメージ〟を刷り込むことで
人は自分の能力を最大限に引き出せると考えたのです
なりたい自分があれば思いっきりリアルに細部までイメージする
プロ野球選手! 大リーグ!! ヤンキースの4番!!
クアアア!!
?
夢を紙に書き出して毎日自分にいい聞かせてみる
不動産王に俺はなる!!
山賊王に
それはやめとけ
何より大事なのは夢はかなうと100%信じて1ミリも疑わないこと
にっこり
それによって潜在意識にかかったブレーキをはずせる
それがマーフィーの提唱する自己啓発法なのです
で…
でもっ

そんなこと
いってもできることとできないことがあるじゃないっ
アイドルだって誰もがなれるわけじゃないし
受験だって…
「ダメかも」とか「どうせ私なんて」とか考えながら
オーディションに受かったアイドルなんているんでしょうか？
う
本気で成功を信じる前に
〝どうせ〟なんていっていたらかなうものもかないませんよ
かなった姿がどうしても思い浮かばないような望みなら
それにまっすぐ真剣にかなえたい夢なら
いくらでもイメージが広がるはずです
それは本物の夢ではないのかもしれませんよ？

あ…
ではまた明日
そうか
私……
どこかで気づいていたのかもしれない…
瑠璃子さんすごいなあ
するどい…
部長のこといくら考えても
未来なんてこれっぽっちも見えてこない
〝くやしい〟とか〝むかつく〟とか〝奥さんうらやましい〟とか
そんなネガティブな感情ばかり
私
部長じゃなくてもよかったんだ
ただ淋しかった
誰かと結婚して
あたたかい家庭をつくりたかっただけなんだ…
バカだなぁ私って…
自分に自信がないからいつもダメ男を選んでたんだなあ…

……
ぱっ
よし!!
NOTE
瑠璃子さん!
え?
部長ときっぱりサヨナラしてついでに!
心機一転転職することにしてみた!
もともと今の仕事向いてなかったっぽいし
また思いきって…
たしか大企業
こうでもしないと部長のうっとうしいモーション切れないし
でも転職はしてみたかったんだ
すてないでくれええ
しつこいっ!

新しい場所で気持ち切りかえてがんばって
ついでに本気の恋も探してみるよ!!
三谷さん…
張り切ってるわねぇ今度はすごい人を捕まえてきそう
……
はい! きっとそうなります
結果が楽しみです
ひらっ
ガチで自分に素直になってみた!
三谷さんの願い事
ジャニーズ系年下のイケメンと出会って好みに育成する! そのためにはまずバリバリ仕事する!
あらあら
三谷さん…

解説

人生のすべてがうまくいく！マーフィー理論とは何か？

──「運命の出会い」も自分でつくれる!!

面白いほど次々と願いがかなう4つのコツ

仕事があまりパッとせず、収入も減り、自己嫌悪や劣等感にさいなまれていたビジネスマンの話を紹介しましょう。

マーフィー博士は彼に、毎日**「私はすばらしい力のもち主です。私の努力はすべて報われ、大きな成功を収めます」**と声に出して唱えるようにアドバイスしました。ビジネスマンは朝晩、**「必ずそうなる。願いは実現する」**と心の底から強く信じながら、繰り返し唱えました。

それから、たった3カ月で、彼はその地域一の成績を上げる有能なビジネスマンに生まれ変わりました。ライバルに対する劣等感も、きれいさっぱり消え去っていたのです。

彼は**ただ願望を言葉にしていただけ**で、願いどおりの輝く人生を手に入れました。これこそ、マーフィー理論の効果です。

マーフィー博士は**「潜在意識には、無限の英**

知、無限の力、そして必要なものすべてを得ることのできる無限の源がある」と断言しています。**潜在意識の力を引き出すことができれば、知りたいと思ったこと、ほしいと思ったものすべてを手に入れることができます。**

まずは、潜在意識をイキイキと働かせるための基本をおさえましょう。マーフィー博士が繰り返し説いているポイントを４つ紹介します。

ポイント❶ 願いを声に出して潜在意識に届ける

マーフィー理論を実践して願いをかなえた人たちには、共通点があります。それは、自分の願望を微塵《みじん》も疑わず、素直に口にしていたことです。願望は、声に出すことでその思いを強めることができます。また同時に、潜在意識にも深く植えつけられます。やがて潜在意識が思いを実現するために働き出し、あなたに無意識の行動を促すのです。

ポイント❷ 潜在意識の扉を開く魔法のフレーズ「私は○○である！」

潜在意識の存在に気づいていなかった人や、力をうまく引き出せない人は、まず、心の奥深くにある潜在意識の扉を開きましょう。

そのために必要なのは**「私は○○である」**と自分自身の存在性を強く意識すること。「○○」には、自分が実現したいイメージをできるだけ明確に想像して当てはめます。そのイメージが、潜在意識の扉を開く鍵となるのです。

❶	言葉を声に出して潜在意識に届ける	願いを強く潜在意識に植えつける
❷	「私は○○である」と自分自身を強く意識する	潜在意識の力を引き出す扉を開く
❸	実現したいことを心の底から信じる	本気で願わなければ、潜在意識はこたえてくれない
❹	ポジティブな言葉で願う	ネガティブな言葉を使うといい結果は出なくなる

↓

願いの実現

▲実際に夢をかなえた人は、マーフィー理論を知らなくてもこうしたポイントを自然とおさえた行動をしている。

ポイント❸ 実現したいイメージを疑わない！心の底から信じることが重要！

遊び半分の祈りや本心でない願いは、潜在意識に見透かされてしまいます。「かなったらラッキー」「どうせムリ」などと思わず、心の底から願い、その実現を確信してください。

ポイント❹ 願いはポジティブな言葉だけを使う

潜在意識に届ける願いは**成功**、**達成**、**健康**、**幸福**、**富裕**など、必ずポジティブなものを選びます。その願いを声に出すときも「失敗しないように」ではなく、「成功する」とポジティブに。ネガティブな言葉は、見聞きしたり考えたりするだけで悪い影響を及ぼしてしまいます。

本心をいえって
いうから
いってるんだよ
お前はいつも
いいたいことを
すぐいって
デリカシーが
なさすぎる!!
203号室　久本行雄《ひさもとゆきお》（48）
あなたがハッキリ
いわなさすぎる
だけでしょ！
都合が悪くなると
いっつも下向いて
むくれちゃって!!
久本千恵《ひさもとちえ》（47）
あ
瑠璃子さんっ
ワーワー
大変なの！
203号室の
ご夫婦が…
あら
あら
まあ
まあ
ずどん

管理人さんすごい…
ウフフ
このアパート あちこち老朽化しているので あまり暴れないでくださいね？
なげた…
投げた…
見事な一本背負い…
祖父の命により
武術はひととおりたしなんでおります
つまりおふたりは
以前から関係がギクシャクしており
親しい友人に相談したところ
いっそお互いに いいたいことを ぶちまければスッキリするよとアドバイスをもらい…
それで ハッキリいってみたらこうなったと…
はい
お恥ずかしながら…

妻は博士号をもつ研究者で
このところ大きな研究が大づめらしくすれ違ってばかりで…
寝室も一緒なのでひとりになって頭を冷やすことも難しくて…
対して僕はしがない営業職…
なんだか優秀な妻と差がついてバカにされているようで…
千恵さんがそうおっしゃったんですか？
〝行雄さんはしがない〟って
瑠璃子さん破壊力はんぱない…
ちっ
違います！
千恵はそんなこといいません！
ただ…
ちょっと僕に言葉が足りないとか
議論になると自分の意見をいわないではぐらかすところが不満だとか…
ハアハア
結論は出ているじゃありませんか

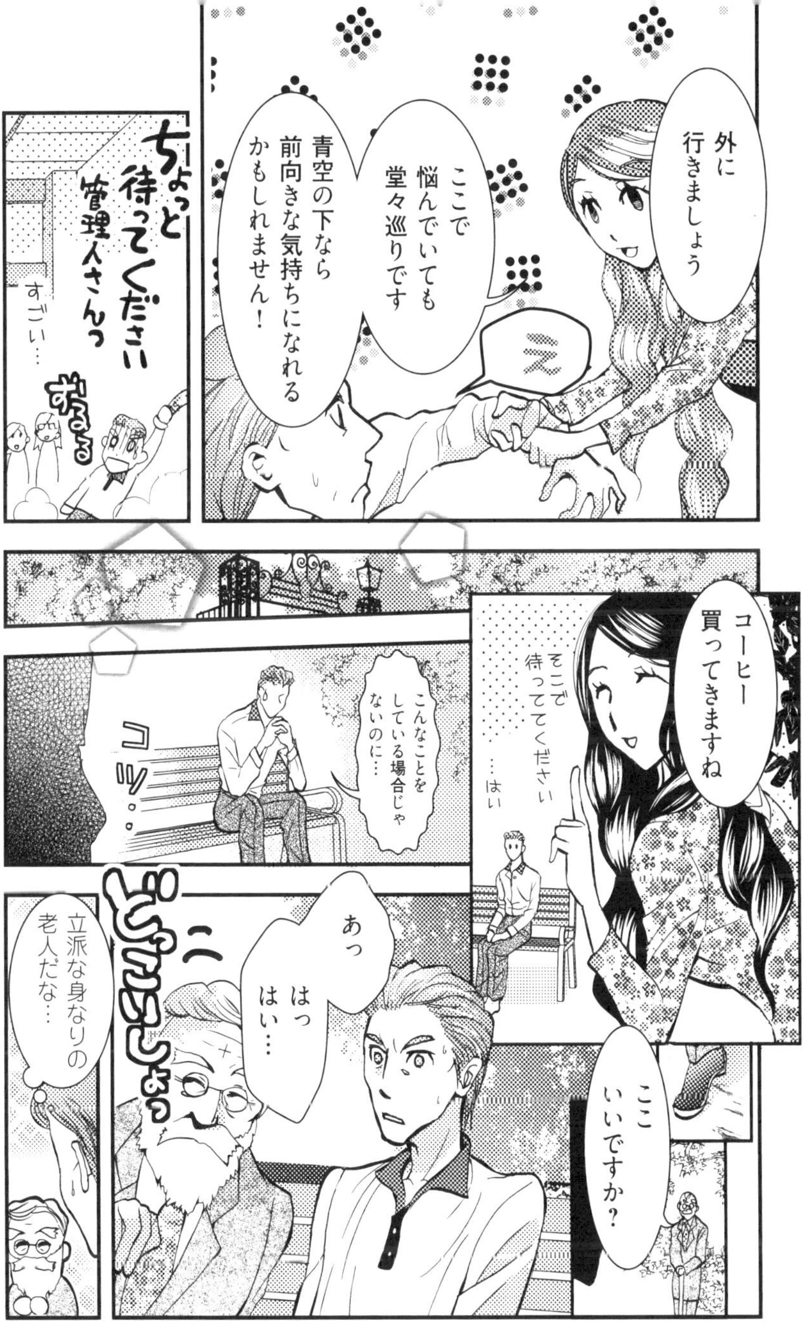
外に行きましょう
ここで悩んでいても堂々巡りです
青空の下なら前向きな気持ちになれるかもしれません！
え
ちょっと待ってください管理人さんっ
すごい…
ずるる
コーヒー買ってきますね
そこで待っててください
…はい
こんなことをしている場合じゃないのに…
コツ。。。
ここいいですか？
あっ
はっはい…
どっこいしょっ
立派な身なりの老人だな…

ちら
こんないい天気の日に
ずいぶん暗いお顔をされて…
どき
悩みごとですか？
よければ話を聞かせてくださらんか
なんだこの老人
超能力者!?
というかそんなに暗い顔してるのか僕は
じ…
じつは…
……
…それでムシャクシャしている気持ちをぶつけ合ったら
夫婦間のイライラが消えてなくなるかと思ったのですが…
まるで逆効果でした…
それは…
そのお友だちのアドバイスが間違っていますな
たとえば…
もし仮に誰かが〝とても優しくて愛情あふれる言葉〟を口にしたら
その人のもつ優しさや愛情は「消えてなくなる」と思いますか？
スキ
たいせつ
スキ
!!
うれしいなあ
エヘヘ
…ッ!!
逆でしょう
むしろ もっと豊かになるはずです

それなら〝人を傷つける言葉〟も同じです
口に出したとたん反射し　何倍にも増幅して
お互いをもっと傷つけているのではないですか？
あ…
まずは奥さんへの愛情を　どんな夫婦になりたいのかを言葉で伝えて
それから…
ご自身の潜在意識にも　語りかけてください
潜在意識に？
はい
眠る前や
鏡の前で毎日
プラスの言葉や明るい言葉を繰り返してください
〝妻を愛している〟とか
〝私たちは絶対に幸福になる〟とか
えっ
カァァ
はっ
恥ずかしいですよっ
そんなのっ

声に出してみることが大切なのです
プラスの暗示を潜在意識に覚え込ませていくのです
(肯定的自己暗示)
アファメーションといってウツ病の治療にも使われているんですよ
状況も必ず好転しますよ
では
ぺこり
……
あなた!!
管理人さんに聞いたら
ここだって…
はあはあ
千恵!?
休日出勤じゃ…
あんなケンカしたから気になっちゃって…
早退してきたのよ!
そしたら管理人さんがあなたが傷心のまま公園をひとりでふらついてるって…
自殺とかしたらどうしようかと…
えっ
あ
私も今日はいいすぎて…

あなたがいつも優しいから… つい…
私 いつも いいすぎて…
ごめん…
あ…
あの
その
あっ愛してる!!
え
どうしたの あなたっ
人前で いわなくても いいんじゃよ
久本君
そして ふたりは
心機一転 お互いの職場に近い マンションに転居する ことを決めました
ウフフ
それにしても あのおじいさん 誰だったんだろう
大物っぽいカンロクが 管理人さんと 似ていたような…

はああ…
201号室　里見康弘《さとみやすひろ》（40）
…里見さん
なんだか最近ため息ばっかりねー
彼は1年前に離婚しているんだけど
別れた奥さんが息子さんに全然会わせてくれないんですって
…里見さんっ
きゅん
こらこら
三谷さんはホレっぽいのをまず直さないと
この間は子ども番組を観てしんみりして…
息子さんを思い出すんでしょうねー

翔太《しょうた》…
ぬっ
なっ
かっ
管理人さん
カワイイ息子さんですね♥
ウフフ
これからお食事ですか？
ちょっと私につき合っていただけませんか？
カップラーメンばかりじゃ体に悪いですよ
どんっ
え…？
……

こ…
これは いったい…
すごい レストラン…
たまには こういうのも いいでしょう？
カップラーメンばかりじゃ 体をこわしますよ
あ おじいさま
コツ…
こちらです
よろしく
あれ… この人
経済ニュースで 見たことが…
はっ
日本の裏ボス 麻亜富丈正!!
マーフィー・コーポレーション 会長
おや ご存じで
ほっほっ
孫が お世話になって おります
世間知らずゆえ いたらぬところは ありませんかの
年商 5000億円 一代で大企業 マーフィー・コーポレーションを 立ち上げた あの人が
瑠璃子さんの おじいさん!?
里見さん…
何やら お悩みごとが あるとか
孫に代わって 何か私がお助け できることは ありませんか？

……
お恥ずかしい話ですが…
…で
別れるときの話し合いがこじれまして
おかげで もう1年も息子には会えていません
おまけに妻は息子に私の悪口ばかり吹き込んでいるようなのです
息子の親権を取り戻すため
多額の慰謝料《いしゃりょう》も申し出ました
しかしこれも却下されてしまい
このままでは…
できれば息子を取り戻したい
無理ならせめてひと目だけでも…
でも妻は…
妻を恨まずにはいられません!!
いや違いますよ

息子さんを取り戻したいなら
それこそ
奥さんの幸福を祈らなければ
…え？
息子さんと同じくらい
いや… むしろそれ以上に
今はもうあなたの妻ではない彼女が
新しい人生で幸せになれるように
そして〝彼女が孤独にならぬよう〟
〝いつも愛情で満たされるように〟祈ってください
そんな…
それは逆なんじゃ!?
いやいや
それが重要なのです
あなたが恨めば恨むほど 奥さんがあなたを拒む気持ちも強くなる
いがみ合えば息子さんの心も傷つけてしまう

奥さんが不安や孤独から
解放されるように祈るのです…
ピッ
ちょっと!
何よ また おもちゃなんて送ってきて
あの子には会わせないわよ!!
ああ… かまわないよ
…あなた 何か変よ?
いや…
お前とケンカしていたら あの子が苦しむって ある人にいわれてな…
翔太が元気で お前たちが幸福なら それでいいんだ…
……
パパ!
そして……数カ月後

翔太!!
里見さんの元奥さんから
息子さんの親権を里見さんに譲りたいと申し出がありました
彼女はじつはほかの男性にプロポーズされていました
その人の転勤先が遠い海外だったので息子さんを連れていくことに　ためらいがあり悩んでいたのです
でも今の里見さんなら任せられると
息子さんを里見さんに託したのです
傷心の里見さんも素敵だったけど
ダンディな育メンもいいわー♥
またー
三谷さんは趣味がコロコロ変わるんだから!
もー
里見さんも希望荘を卒業して近々　子どものための部屋がある広い家に越す予定です

解説

恋愛にも仕事にも使える！
最高の人間関係を築く方法
——他人の欠点もこれで改善できる!!

「皆さん、マーフィー理論でうまく自分の力を引き出せて、よかったです」

「潜在意識ってやつですね！」

「ええ。自分の願いがかなう様子を具体的に想像する。ネガティブな思いを心から取り除けば、願いは必ず実現します」

「具体的にというのは、理想の相手の職業とかルックスとか？」

「あと、年齢や性格、年収、体形、好き嫌い、休日のすごし方、趣味、笑いのツボ……」

「そ、そんなに詳しく？」

「そうですよ！　お見合い写真を見ただけでおつき合いや結婚を決意することはできないでしょう？　ルックスだけ理想の人と出会っても、性格が合わなければ恋ははじまりません。想像が具体的であればあるほど、自分にとって100点の、文句なしの相手と出会えるということです」

✦「マイナスの妄想」をピタリと打ち消す簡単な方法

地面の上に置かれた幅30センチの板の上を歩けるかと問われたら、どう思うでしょうか？

きっと、ためらうことなく歩けると思います。けれど、高さ数十メートルの高層ビルどうしの間に渡してあったら、どうでしょう？　足を踏み外したら、板が割れたら……と考えて、二の足を踏むのではないでしょうか。そんなとき、あなたは**想像力に負けているの**です。

「私は健康だ、金持ちだ」といくら声に出しても、それをあなたが確信していなければ、うまく行動につながりません。心のどこかに「私は弱い、貧乏だ」という気持ちがあれば、潜在意識はそれを見透かし、そのネガティブなイメージを実現するでしょう。たった1％のネガティブな思いが、99％のポジティブイメージを打ちくだくほどのエネルギーをもっているのです。

ネガティブなイメージを完全に排除するのは決して難しいことではありません。**理想の結果が出た様子を、あたかも現実のことのようにイメージするだけで**、あなたの願いや信念は、かつてないほど強固なものになっていきます。

スポーツ選手にも、満塁《まんるい》ホームランを打ってホームインする様子や、自己ベスト記録を出して表彰台に上る様子を毎日想像するイメージトレーニングをする人が増えています。

また、潜在意識に願いを刻み込むときは、**「もしも」という言葉を使ってはいけません。**

上手な言葉の選び方

△「私は強い。誰にも負けない」
ネガティブな言葉「負け」が、
潜在意識に「自分が負ける姿」を想像させてしまう。

○「私は強い。誰にでも勝てる！」

×「もしもホームランが打てたら……」
「もしも」は仮定の言葉。打てないことが前提になってしまっている。

○「必ずホームランを打つ！」

×「いつか自分の店をもちたい」
「いつか」は「今でなくていい」という意味。潜在意識の中で優先順位が下がり、どんどん実現が先延ばしになってしまう。

○「40 歳までに自分の店をもつ！」

▲願いの内容は同じでも、使う言葉しだいで効果が大きく変わる。

一流のプロ野球選手は、「もしもホームランを打てたら」とは考えません。「俺の打ったホームランで勝つ！」と確信して試合に臨んでいます。不安を強い想像力で打ち消すことが、願いの実現を確かなものにするのです。

「愛と嫉妬《しっと》の真実」を知れば恋愛も仕事も成功できる！

「愛の形はさまざまだ」などという人がいますが、真の愛とは、自分のもてるものすべてを相手にあたえたいと思うものです。相手を蔑《さげす》んだり見返りを求めたり嫉妬したりするのは、偽《いつわ》りの愛なのです。

愛と嫉妬は相反する感情で、同時に存在することはできません。**真の愛は嫉妬や不安を蹴散《けち》らしてくれるもの**なのです。

これは仕事でも同じです。「上司は彼ばかり評価する、優遇する」などと同僚に嫉妬の念を抱けば、**潜在意識の力を自ら否定することになります。**同僚を妬《ねた》み、上司を恨んでいる間は、願いの実現がどんどん遠ざかっていきます。

自分は評価されないのではないか？　と不安に思う必要はありません。会社のため、顧客のため、自分を信頼してくれる上司のために全力を尽くすだけで、昇進や望んだ仕事ができる機会に必ず恵まれます。**上司があなたの運命を握る神であるかのように考えるのは間違いです。**

あなたの人生を決めるのは、あなた自身なのです。

他人の性格や人生をガラリと変えることもできるのか？

「あの人には、直してほしい欠点がある」と他者を変えたいと感じたことはありますか？　人間は、自分で変わろうとしないかぎり、変われないものです。それでも他者に変わってほしいと思うなら、潜在意識の力を応用して相手が変わりたいと思うように誘導するといいのです。

もっとも単純な方法は、**ほめて伸ばすこと。**「ここがダメだ」と指摘するのは、相手の潜在意識にネガティブなイメージを植えつけ、もっとダメになれといっているようなもの。長所に注目して「さらにこうなってほしい」といえば、相手の潜在意識も喜んでこたえてくれます。

Chapter 02

心の奥に隠れた宝の山を掘り当てるには

——お金に好かれる人、嫌われる人

平野さんって デザイナーさんなんですか？
わあっ
いやぁ しがない会社員だけど
おもに キャラクターグッズをね
黒猫プチモさんシリーズって知ってる？
204号室 平野幸信《ひらのゆきのぶ》（27）
知ってます！ ポーチもってますすよ ほら！
304号室 岡林若菜《おかばやしわかな》
おっ 嬉しいねぇ
私は絵本を全セット！
305号室 上田美卯《うえだみう》
新商品はまだなんですか？
いつも春には発売するでしょ？
わくわく
あ… いや まだ…ちょっと
がんばってくださいー

え…
またデザイン再提出ですか!?
あぁ
プチモさんシリーズも3年目だからな
上の要求もいろいろと厳しくなって
もう一歩新味のあるデザインがほしいんだと
前期の売上もトップで数字もきちんと出しています!!
俺はこれでも十分いけると思うが
副社長はとくにデザインに厳しいからな
HONNYASTORE
BOOKS
本
また副社長か…

はあ…
ビジネス書
コーナー
結局 また
副社長相手に
プレゼン
しなくちゃ
いけないのか…
嫌いな
上司との
つき合い方
イヤなヤツを
丸め込む方法
よくわかる！
こんな本
読んだって…
ガタッ
ふう
…いたた
ここの床は
滑《すべ》りやすいのう
大丈夫ですか
おじいさん!!
たっ
すまんねぇ…
いえ
ケガがなくて
よかったです

嫌いな上司とのつき合い方
お若いの…
上司との関係に悩んでおるのかね？
はっ
よければこの年寄りに話してくれんかね
これでも私は長く会社を経営していた身でな
若い人がそういう相談をしてくれるのが嬉しいんじゃよ
……
…つまり
その副社長がことあるごとに君のジャマをして
君は社内で正しく評価されていないという…
そうなんです!!

副社長はもともとデザイナーだったので
いろいろ現場に口出ししたいのはわかるんですが
若い俺が入社早々社内一のヒットを飛ばしたから
俺のことが気に入らないいんですよ
せっかく今商品が売れてるタイミングなのに…
このままじゃ
俺の才能は副社長に潰《つぶ》されてしまう
どうじたんだ俺ってば…
でも転職する勇気はないし
見知らぬ老人にこんなカッコ悪い愚痴をペラペラと…
どうしたら…
君の才能は…
たったひとりの人間に潰される程度のものなのかい？
え。
!!
いや
そっ
そんな…違いま…
だったらいいじゃないか軽く考えれば
たかが副社長じゃろ

たかが副社長
って…
上司は神さまじゃない
君の中では自分の神さまは自分じゃろ？
あ…
なのに勝手にその副社長を万能の神さまにまつりあげて
君自身の可能性をしばりつけているんじゃないのかい？
仕事も昇進もすべて自分次第なのに
まずは君の心を
想像上の神さまから解放してあげなさい
ビシィ！
そもそも私情で人事を左右するような会社ならとっくにつぶれとるはず！
正論…！

上司と部下は立場が違うだけで
ひとつの会社を支えるまったく対等な者どうしなのだから…
ペラ…
……
よし
これならOKだ
!!
エッジが効いていて上の世代にもヒットしそうだな
お前…
俺のことを意地悪じいさんのように思っていたんだって?
!!
いっいえっ
…キャラクターものは長期戦略を立てる前に飽きられたら終わりだ
3年目はとくに大事なときなんだ

黒猫プチモは
わが社の今後10年を
背負うキャラクターだ
たかが数年で
コケてしまっては
困るんだよ
プチモも
お前もな…
…はっ
はい!!
よしっ
今夜は
飲みにいくぞ!!
はいっ
それと もっと
会社の近くに
越してこいっ
これから
ドンドン忙しく
なるんだからな
えっ
副社長…
あー？
何だ？
プチモさんの
柄ネクタイ
おじいさま
お忍びコスプレ
とっても
お似合いです
ほっほっ
久々に和服を着て
私も楽しませて
もらったよ

管理人さんっ
大変です 205号室の 高安さんが!!
くっ…
くるなぁ!!
ちょっと
ナイフをしまいなさい 危ない!
俺の人生はもう終わりなんだ…
死んでやる!!
205号室 高安聡《たかやすさとる》(30)
おお~~
ぱちぱちぱち
さすが 瑠璃子さん…
すみません…
人生が嫌になってしまって
発作的に…

つまり…
株に手を出して
破産してしまったと
しくしくしくしく
もう…
どうすればいいのか
それにしても
ビックリしました
こんなベタな
おバカさんが
いるなんて
個人でいきなり
デイトレードなんて
無謀もいいところ
しかも見事に
コゲつかせて
ざくっ
る
瑠璃子さん
いつもは
優しいのに
シビア…
本来の仕事から
株には詳しい
まあ
この程度の
借金ですんで
本っ当～に
よかったじゃ
ないですか
は…はい
もう…
これから
どうしたら
いいのか
会社はもう
辞めてしまったし
事業は昔やって
失敗しているし
打つ手がない
のですか？
じゃあ
何もしなくて
いいんじゃ
ないですか？
あ
いや
そういう
意味じゃなく

私の祖父の受け売りなんですけどね
どんなに手をつくしてもダメなときは
自分の潜在意識に従ってみるんです
何も考えずにボーっとして
ひたすら頭を真っ白にして
頭に浮かんでくるものを待つんです
ああ…
子どもの頃
落ち込むと
よく湖に行ったよな…
不思議と気持ちが癒《いや》された
どんなに落ち込んでいても
行こう…
むくっ
ザザ…ザザ…

ああ…
そういえば
俺はずっと
自然や広い場所が
好きだった
それなのに
いつの間にか
狭い
オフィスの
中で
金儲けや
机上の計算
ばかりに
夢中になって
ずっと
忘れていた
こんな気持ち…
…で
うちに
やってきたのは
そんなふうに熱く
湖について語る
ためなのかい？
あ…
すみません
お義父《とう》さん…
ふっ
借金返済の
相談に
きたにしては
妙に
イキイキ
していると
思ってね…

ウチの娘と離婚することになった頃とは
ちょっと雰囲気が変わったな…
……
彼女には申し訳ないことをしました
豊かになろうとあせって…
結果 彼女を不安にしてしまった
しかも今はこんなに情けない状態ですしね
許されるなら…
いつか もう一度一緒に暮らしたいと思ってますけど
……
ちょうど…私のところに
湖に関する観光事業の話がきていたんだ
最初は断るつもりだったが
君がそんなに熱く湖の魅力を語るのを聞いていたら
ちょっとやってみたい気持ちになってきた

地味な事業になりそうだが…
…はい!!
一緒にやってみるか?
それから高安さんは友人の支援も取りつけ
湖の観光事業は軌道《きどう》にのっているとのこと
仕事では元奥さまと会うことも多く
復縁も間近ではないかと噂されています
高安さん幸せそう…
これが潜在意識の力…
私にもあんな幸せが待っているのね!
ところで三谷さん再就職先は見つかったの?
それももうすぐよ♥

解説

お金がどんどん増える秘密

「富を得る権利」を自覚する！

——富に好かれる人になろう!!

「今思えば、これまでのデザイン案はどこか甘い部分がありました。自分の努力不足を副社長のせいにしていたのかもしれません」

「平野さんは副社長への怒りや不信感で、視野が狭くなっていたんですね。成功者というのは、『自分がやってやる！』という強い主体性、積極性があるから、上司に自分の命運を握られているなんて勘違いはしないんですよね」

「俺の場合は悲観的になりすぎていました。瑠璃子さんのいうとおり頭を真っ白にしたら、嫌な考えも全部消えて……。思いつきで湖に行っただけなのに、驚くほど事態が好転しました」

「表面の顕在意識にとってはよくわからないことでも、潜在意識は今、何をすべきなのかちゃんと知っていたんです。迷ったりいきづまったりしたら、頭も心も真っ白にリセットしてみること。それが解決策にたどりつく最短ルートです！」

……
彼女には申し訳ないことをしました
豊かになろうとあせって…
結果 彼女を不安にしてしまった

▲高安さんは破産して多額の借金まで背負うことになったが、潜在意識はどん底からでも、望むだけの富や地位をもたらしてくれた。

働く時間と収入は比例しない。昇給にもこの法則が働く！

「残業をして残業代をもらわなきゃ、給料が少なくてやっていけない」という人がいます。でも、本当にそうでしょうか？ **仕事ができる人、給料が多い人ほど、残業や休日出勤が少ない**と思いませんか？

たしかに、1時間あたりの賃金が低い人でも長時間働けば、それなりの額は稼げるでしょう。しかし、その分休息時間や趣味を楽しむ時間は減ります。仕事が大好きで何時間でも働いていたい人はそれでもいいのです。ですが、そうではなく、手元のお金を増やしたいと思うなら、別の努力がいります。その努力とは、けっして休日出勤や残業をたくさんして体を壊すほど働くことではありません。毎日深夜まで働いても、仕方なく機械的にこなすだけで、生産的な気持ちがなければ、昇進にも収入アップにもつながりません。

富を手に入れる最良の方法は、**「自分は豊かになるように生まれついている」と信じて疑わないこと**。そうすれば富のほうが自然と寄ってくるのです。プライベートを優先したい、なおかつ、もっと稼ぎたい、と思うなら、まず、富についての考えをあらためてみてください。

政治に参加する権利、職業や住む場所を自由に選ぶ権利がすべての人にあるように、**誰もが富を手にする権利をもっている**のです。

オレンジの木にたわわに果実が実っていても、それをとる方法を知らない人や、最初からとろうともしない人は、その実を食べることはできません。また、手が届かない場所の実や、両手からあふれるほどの量をとろうとすれば、木から落ちてしまうでしょう。**潜在意識に従えば、自分がとれる位置や量も正しく見極められます。**そうすれば必要なとき、必要なだけの果実を、何度でも手に入れられるのです。

富も同様です。初めからあきらめていたら、手に入れることはできません。

お金が自然に集まってくる“不思議な力”を手に入れる！

富を得るもうひとつの法則は、「お金を大好

潜在意識の力を信じず、
不安を押し込めて無理
をすれば、木から落ち
てしまうこともある
ほしいと望めば
ベストな方法を
潜在意識が教え
てくれる
ほしいと望んでも
努力しなければ
手に入らない

▲潜在意識がもたらす以上のものを無理に得ようとすれば失敗してしまう。
得たものに満足できないなら、あせらず願いを積み重ねていけばいい。

きになること」です。

誰でも嫌いな人にすすんで会いたいとは、思わないものです。たとえ自分は嫌いではなくても、相手に嫌われていると知っていたら、わざわざ会いに行くことはないでしょう。

逆に、大好きな人に会うためには、どんなに忙しくても、遠く離れていてもなんとか時間をつくるはずです。お金もまったく同じです。自分が好きな人、自分を好いてくれる人に寄ってくるのです。**「お金は二の次だ」などといっているような人のもとに、富はやってきません。**

富を求めず、最小限のお金と物で生活する「清貧の心」を大切にしている人もいるでしょう。けれど、経済的に豊かであればあるほど、人生の選択肢が増えるのは事実です。

たとえば、家族や親友が困っているとき、貧しければ助けられないかもしれません。清貧を重んじるあまり、わが子が夢をあきらめざるを得なくなるかもしれません。お金が好き＝いやしい、などと思わないでください。富を正しく手に入れ、正しく使えば、ケチやいやしさ、無力感とは無縁の人物になれるのです。

気分よく願うために、「嘘のない表現」を使うことも大切

「信じるだけでいいなら、俺はとっくに億万長者になっている」と思う人もいるでしょう。

マーフィー博士のもとにも「願えば願うほど状況が悪くなる」という人が多くやってきたそうです。彼らはみな、その**心の中にある一片の嘘が原因で願いの実現を遠ざけていた**のです。

ビジネスが不振な人が「私は繁栄している」といっても、効果はありません。本当は繁栄していないこと、嘘をついていることを、自分自身がよく知っているからです。自分が確信できないことは潜在意識に届きません。

今、失敗つづきの人が**潜在意識に願いを正しく刻むには、現在進行形を使うのが最大のポイント**です。「私はこれから繁栄しつつある」といえば、嘘にはなりません。

「自分は世界的なトップ俳優だ！」と断言できないなら、「世界のトップ俳優になりつつある」と口にしてください。**ポジティブな単語で嘘がないオリジナルの願いの言葉をつくるのです。**

Chapter
03

幸運が舞い込む「マーフィー6カ条」

——そして、成功に近づく魔法の言葉

……
…さん
佐藤さん!!
あの…
はっ
あー…
すみません管理人さん
ちょっと今寝不足で…
206号室　佐藤正明《さとうまさあき》（24）
ふら〜
ゴツン
大変ねぇ佐藤君…
……
医学部の6回生ですって?
医師の国家試験がもうすぐだとか

まあ
とっても難しそうな問題なんですねぇ
そりゃあ…
いっ
いきなり部屋に入ってこないでくださいよ管理人さん…
びっくりした…
あら ごめんなさい
ホホ
佐藤さんがんばってるからお夜食のさし入れです
アボカド粥《がゆ》ミルク風味
脳の疲労によく効く成分を入れてみました
プスス
え
管理人さんに料理下手の疑惑が…！
完璧な彼女に欠点が…！
ウフフ
何かこのところ心ここにあらずという感じで…
どきっ
試験のほかにも悩みごとがあるんじゃないですか？

……
ス
管理人さん…
教えてください
まあまあ
早まらないで佐藤さん
管理人さん いつもみんなの悩み相談受けてるでしょ
管理人さんの人生アドバイスはすごく役立つってみんなが…
僕の相談にものってください
え
そっちね！
……
わが家には僕よりずっと頭のいい兄がいて
その兄は 国立大学にラクラク合格しました
それにひきかえ僕は兄ほど成績がよくなく…
私立の医大は金がかかるけど医師への夢をあきらめきれなくて

そんな金がどこにあるんだ！と父に怒鳴られるかと思っていたんですが…
無理なら働いて学費を稼ぎます！
…いや
こんなこともあろうかとずっと貯金してきたんだ
金のことは気にせずがんばってみろ！
一度いってみたかったこのセリフ！
拍子《ひょうし》抜《ぬ》けしました
本当に必要なお金は必ず得られる だからお金の問題で選択肢を狭《せば》めるなと 父が教えてくれたんです
そして何より僕を信じてくれたことが嬉しくて…
そんな父の言葉を思い出すたび
立派な医師になってみせるぞ!! って
そんなことを考えすぎて国家試験を前にあがってきてしまって
緊張したらダメだとわかってはいるんですが…
…そうね

アドバイスになるかどうかわからないけど
私の家では
「マーフィー6カ条」というものをいつも大切にしているんです
マーフィー6カ条?
ええ
ひとつめ
「出来事すべてをポジティブに考える」
失敗したらどうしよう…
失敗しがち
絶対成功する!
成功する
「失敗したら どうしよう」だと頭は失敗を繰り返しシミュレーションしちゃうでしょ?
思うなら 絶対 成功する!で
どきっ
ふたつめ
「願いが決まったら無理をしない」
「無理をしている」と感じるのは努力のしかたが間違っているから
必要な努力は自然とやれているものよ

3つめ
「成功地図をつくる」
毎日やるべきことを明確にしようってこと
これはOK…
4つめ
「ネガティブなことはいわない　聞かない　思わない」
5つめ
「失敗も挫折もすべて幻《まぼろし》！　成功だけを見つめる」
6つめ
「心のカメラのピントを合わせる」
成功した自分の姿がぼやけたりしないように想像力をきたえる！
大体こんな感じかな
合格！
何より…
あなたを信じてくれたお父さまの言葉
それを信じていれば　結果を心配することなく今やるべきことに集中できるんじゃないかしら
あ…
……
そうですね
瑠璃子さん

くすくす
？
「管理人さん」じゃなくて
今はじめて「瑠璃子さん」って呼んでくれましたね
他の皆はもう瑠璃子さんて呼んでくれてるのに
!!
あと アドバイス！
試験中に もし解けない問題が出てきてパニックになったら
「この問題知ってる！ 解ける！」と自分に暗示をかけていったんリラックス
そして別の簡単な問題から解きはじめるのもひとつの手ですよ
そうするとけっこう答えがうかんできますよ
本当に？
少なくともパニクるよりはいい結果が出ますよ
信念の強さにより効果には個人差があります（byマーフィー）
いってきます!!
いってらっしゃい！
佐藤さんは無事国家試験に合格しました
春からは郷里の街で研修医生活です

本日は
マーフィー・コーポレーションの入社式
私もおじいさまのお供で本社にきています
チーン
学君《まなぶ》…もしかして301号室の学君!?
え
どちらさま…
ぎゅっ
るっ…瑠璃子さん!?
管理人さん!!

まさか…
管理人さんがこの会社の関係者だったなんて
しかも会長のお孫さん!
301号室　山本学《やまもとまなぶ》(22)
学君もすごいじゃないですか
とってもも優秀な成績で入社試験をパスされたとか
い いやぁ
……
僕の家は母子家庭で
母には苦労かけどおしだったんです…
僕は子どもの頃
全然 勉強ができなかったんですよ

かなりぼんやりした子どもで
興味のないときは先生の話を聞いていなかったり
この成績でウチの学校はちょっと…
息子さんは少し知的なハンディがあるのかもしれません
それで…お母さまはなんて？
大丈夫です!!
お前はとってもいい子だよ
頭のいい子だよ
算数は苦手だけどいつもいっぱい難しい本を読んでいるし
お母さんは知ってるよ
ちょっと学校のテストじゃわかりにくいだけ

Why?
知ってる？エジソンは子どもの頃
学校の勉強が全然できなかったんだって
ピカソもアインシュタインも先生たちに「困った生徒」といわれていたんだよ
だからお前はピカソにもアインシュタインにもなれちゃうよ！
それはちょっとちがうと思うよお母さん…
母は　いつも
お前はできる　とっても頭のいい子だよ
どんなときも繰り返しそういってくれました
それで　僕は萎縮《いしゅく》せずにのびのび勉強できて
結果　望んでいた大学にも入学できましたし
お母さまは…
あなたにとって最高の「先生」だったんですね

これからは母にもちょっと楽をしてもらえそうです
お金を貯めて近いうちに少し広いマンションに越そうかなと…
希望荘のみんな…
つまずいて立ち上がる人
迷いながら考える人
まっすぐ進む人
みんな それぞれ新しい道を見つけて飛び立っていく…
それで
私は…——?

解説

夢をかなえる重要な秘訣

自分の可能性を開放する！

――潜在意識の力を100％活用する！

「合格できた……！　瑠璃子さんのアドバイスがなかったら国家試験に落ちていたかもしれません。本当にありがとうございます」

「佐藤さんには試験に合格できる実力があったんですよ。マーフィー6カ条は、その実力を引き出す手助けをしただけ。成功者と呼ばれる人が、『自分なんて』とか『こんな会社ダメだ』なんてネガティブな発言をしているのを見たことないでしょう？　結局は、自分の理想をどれだけ強く信じられるかなんですよ」

「子どもの頃はダメダメだった僕の能力が大人になって花開いたのは、母がずっと信じてくれたから、潜在能力がこたえてくれたのかな？」

「学君、そのとおりです！　お母さまが学君を信じ、学君がお母さまを信じる……おふたりの絆は、まさにマーフィーが説いた理論の最上の形です!!」

失敗したらどうしよう…
失敗しがち
絶対成功する！
成功する
ひとつめ
「出来事すべてをポジティブに考える」
「失敗したらどうしよう」だと
頭は失敗を繰り返しシミュレーションしちゃうでしょ？

▲マーフィー６カ条はとても単純だが、日常では忘れがち。紙に書いて壁に貼ったり願いを口に出すときに思い出したりして、習慣にしていくといい。

マーフィー理論を上手に実践するための６カ条

「心の底から信じる」、そして「願いがかなったときのことを鮮明に想像する」。マーフィー理論の根幹であるこのふたつ、とても簡単なことなのですが、ほとんどの人が正しく実行できていません。つい「本当にかなうのかな？」と不安に思ったり、「社長になる！」などというあいまいなイメージしか描いていなかったりします。どちらか一方はできていても、もう一方がうまくいかない人もいるでしょう。

そこで、このふたつのことをうまく実践するための心得を６つにまとめました。

心得1 出来事すべてをポジティブに考える！

どんなことにも、プラスとマイナスの面があります。そして**潜在意識によい効果をもたらすのは、プラスの視点からとらえたことだけ**です。会社で叱られたら「上司が厳しいのは、私に期待しているからだ」、デートが延期になったら「会えるのを楽しみにしてすごす時間が増えた」とプラスに考えてみてください。心が明るくなって、前向きに物事に取り組めるようになるはずです。

プラスの面を探すのがうまくいかない人は、**「この出来事を、どう考えたらポジティブになるだろう？」**と、ゲーム感覚で使う言葉や考え方を変えてみることです。

心得2 願いが決まったら、無理をしない

人は心から願うことに対しては、自然に努力できるものです。医師になりたい人は、誰にいわれずともマジメに勉強に取り組みます。スポーツ選手は勝利のために、自ら厳しい練習や食事制限をします。オーバーワークで体を壊してしまうのは、不安を隠すために余計な努力までしている証拠です。全身の力を抜いて潜在意識の声に耳を傾ければ、「やるべきこと」「やる必要のないこと」がハッキリするでしょう。

心得3 成功地図をつくる

あなたの「夢の実現」というゴールまで、ど

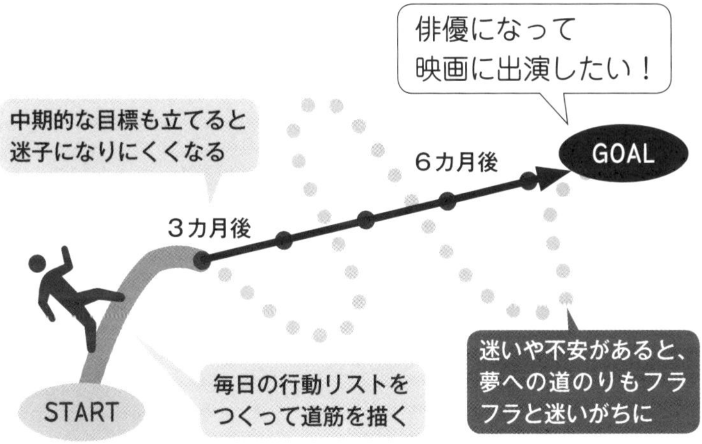
俳優になって
映画に出演したい！
中期的な目標も立てると
迷子になりにくくなる
6カ月後
GOAL
3カ月後
迷いや不安があると、
夢への道のりもフラ
フラと迷いがちに
毎日の行動リストを
つくって道筋を描く
START

▲マーフィー理論で夢を実現させるには、「潜在意識が示す努力」を実行することが大切。「あれをやろう！」とひらめいたことは、行動リストにして整理しておけば、最短ルートでゴールにたどりつける。

んな道を進むのかを決めるのが、潜在意識です。潜在意識に願いをインプットすると、なんとなく「これもやっておこう」とひらめくことがあるはずです。それを逃さずノートに書きとめて行動リストをつくることです。

アメリカで成功した実業家たちは、毎日ひらめいたことを手帳に書き出して優先順位をつけ、「行動リスト」をつくっています。ひらめきをきちんと実行に移していくと、夢を最短で実現できるのです。

心得4 ネガティブなことはいわない、聞かない、思わない！

悪意の有無にかかわらず、多くの人々が日常的にネガティブな言葉を口にしています。

ネガティブな言葉は見聞きするだけで、脳に暗いイメージを植えつけ、潜在意識に大きな悪影響をもたらします。現実社会では悪いニュースや他人の悪口などを完全に遮断することは難しいでしょう。なるべく見聞きしないようにしたうえで、強く前向きな心をもつことです。

心得5 失敗も挫折もすべて幻！成功だけを見つめる

「失敗」とは、障害にぶつかって実現できないことを指すのではありません。障害に負け、**目的の成就を断念してしまうことこそ「失敗」**なのです。いわゆる「失敗」「挫折」はそれ以上の挑戦をあきらめるための口実、あなたがつくり出した幻です。**本来、失敗とは潜在意識がくれた、成功のヒントを得るチャンス**なのです。

心得6 心のカメラのピントを合わせる

素人が写真や動画を撮るとき、初めからプロ級の映像を撮ることはできません。想像力も同じです。心のカメラで何度も練習してピントを合わせ、ブレや明るさを調整していけば、だんだん願いが成就したときの映像をうまく想像することができるようになります。

豊かな想像力を身につければ、潜在意識の力も、うんと楽に引き出せるようになります。

これら6つの心得を満たせば、幸運や成功が面白いほど舞い込んでくるようになります。

Chapter 04

病気を治すのは医者ではなく自分自身

――「病は気から」は真実だった！

高安さんは湖の新事業が順調でオフィスを兼ねられるマンションに引っ越し
里見さんはお子さんのためにに広いマンションに転居
カタ
カタ
……
現在
計画どおりに私の仕事は進んでいる
そして祖父が望むとおり
ここの住人たちもそれぞれの悩みを解決してここを離れていく…
今のところ順調ですね
カタ
カタ
だけど
私の仕事は本当にこれだけでいいのだろうか？

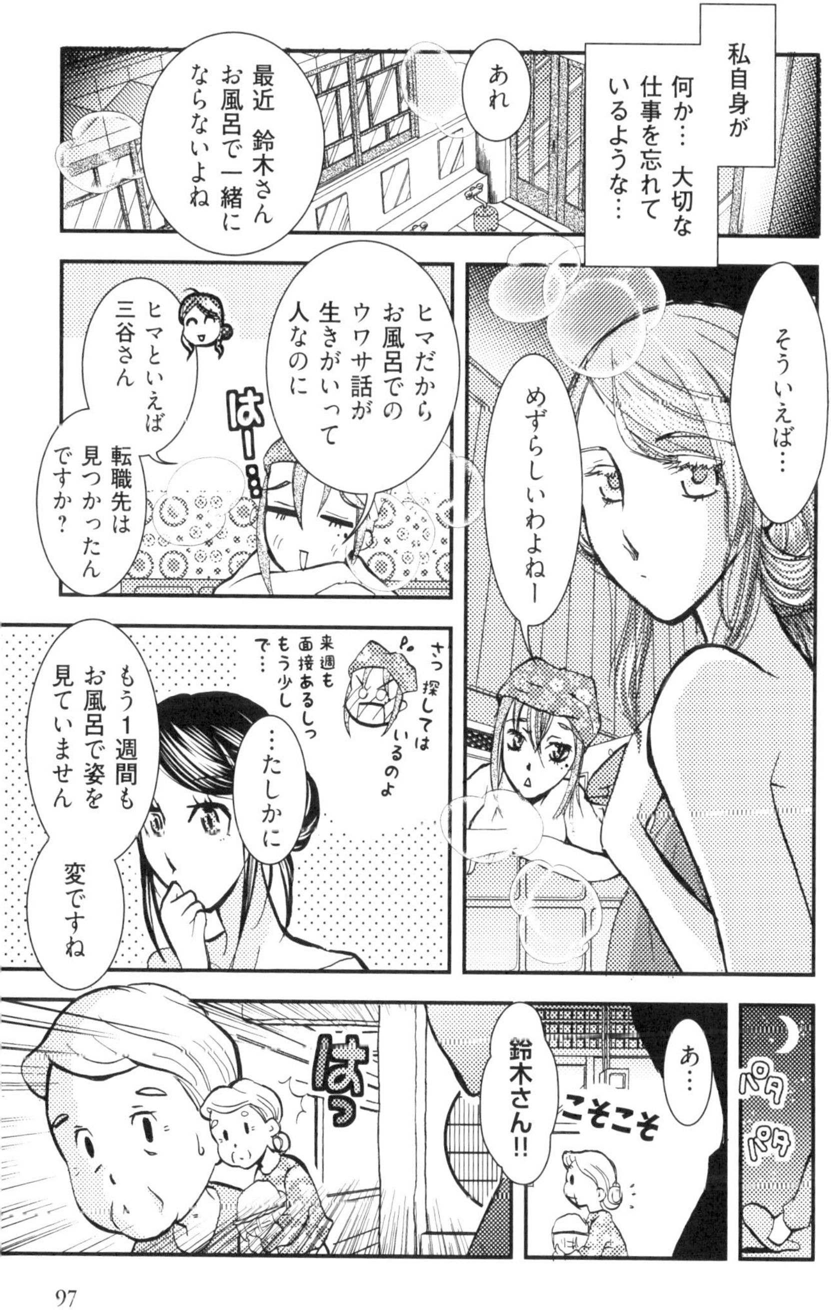
私自身が
何か… 大切な
仕事を忘れて
いるような…
あれ
最近 鈴木さん
お風呂で一緒に
ならないよね
そういえば…
めずらしいわよねー
ヒマだから
お風呂での
ウワサ話が
生きがいって
人なのに
はー…
ヒマといえば
三谷さん
転職先は
見つかったん
ですか？
さっ 探しては いるのよ
来週も 面接あるしっ もう少し で…
…たしかに
もう1週間も
お風呂で姿を
見ていません
変ですね
パタ
パタ
あ…
鈴木さん!!
こそこそ
はっ

…腫《は》れもの？
そう…
胸のところに腫れものができてしまって
みんなと一緒にお風呂に入るのが恥ずかしいから夜中にこっそり…
302号室　鈴木光子《すずきみつこ》（68）
病院で見てもらったんですか？
ええ…
悪性でないかどうか検査をしてもらって結果待ちなの
でもこんな症例は初めてだって…
お医者さんはあまり気にするなというけれど…
なんだか少しずつ大きくなってるの
今まで病気ひとつしたことなかったのに…
鈴木さん…
何か最近悩みごとでもありましたか？

えっ
ええっ!?
まさかっ
こんな能天気な
おばあちゃんに
悩みなんて!!
ドキッ
あるんですね？
一緒にきてください！
え
ちょ
ちょっと
こんな夜
遅くにっ
どんっ
立派なお家…
ほわー
ここは？
瑠璃子さん
私の家です
え？
コツ

孫がお世話になりまして…
瑠璃子の祖父です
よろしく
あ…
立派なおじいちゃんね…
鈴木さんはマーフィー・コーポレーションの会長の顔なんて知らない
よろしく
…病気には
精神状態も大きく影響してきます
実際
ショックなことがあったときなど体の免疫機能が下がるわけで
病気になったときまずは
体より先に自分の心に原因を聞いてみるべき
…というのが
私のモットーなんです

…ずいぶん
昔の話ですが
私は…
若い頃
その…
婚約者を妹に取られてしまったんです
結局
その人は妹と結婚して…
それで私は地元に居づらくなり　上京——
それからずっと故郷を離れて暮らしてきました
でも
先月
妹が病床にありもうあまり長くないと…
突然の連絡があったんです
この腫れものは
その頃から…

姉として 妹の最期《さいご》に 間に合うように 会いに行かなければ
でも… どうしても
あのときの 悔しさや悲しさが よみがえってきて
本当に… 忘れたつもりでいたのに
はぁ。
こんなに長い間 妹のことを 恨んでいたなんて
自分でも 気がつき ませんでした
いい歳をした おばあちゃんなのに 今さら…
そんな自分が 恥ずかしくて
そんな昔の話は忘れて 妹を許さなければ いけないのに…
それは 正反対ですよ
…え
にこにこ

…気持ちを
おさえ込んだら
逆効果でしょう
今のあなたは
毒を深いところに
押し込めている
だから体が
悲鳴をあげて
いるんです
工場だってエントツに
フタをしてしまったら
煙が逆流して
大変なことになるでしょう?
たしかに…
傷つけられたら
苦しいのは
当たり前です
そんなふうに
ドロドロに
感情的になっている
自分を
ちゃんと
認めてあげて
ください
腫れものの
原因は
妹さんでは
ありません
自分の感情を
押し殺している
あなた自身です

自分の中に
恨みや敵意を
閉じ込めて
外にはいっさい
出さない――
そういう人は
病気のリスクが
高くなる
そんなデータも
あると聞きます
そんな…
簡単に
いわないで
ください…っ
私はずっと…
妹たちに
不快な思いを
させないように
傷つけないようにと…
わたしは
大丈夫だから
本当は
怒って泣いて
叫びたかった
でも 泣いたって
今さらどうにも
ならない!
ずっと
つらかったのに…!!

いいんですよ
泣いても
怒っても
いいんです
愛情や
思いやりも
行き場のない
恨みも…
同じように
あなたを構成する
大切な感情の
ひとつです
ちゃんと認めて
抱きしめて
そのうえで
妹さんを
許してあげて
ください…

はい…!!
今日は ありがとう 瑠璃子さん
でも… どうして
じつは…
祖父にも 若い頃 同じような経験が あったそうです
とてもとても 悲しいことが あったのに
感情を押し込めて 仕事にがむしゃらに 打ち込んで
そうしたら 原因不明の病気に なってしまった――
その話を 祖父から よく聞かされていたので
悲しいことって……
祖母が事故で 亡くなったことです
ちなみに 何日も 大泣きしたら 病気は治った そうです

ありがとう
本当に…
それから
鈴木さんは
故郷の妹さんに
会いにいき
会っていなかった
時間を埋めるように
たくさん話をしたそうです
彼女の腫れものは
検査の結果
良性とわかり
少しずつ
小さくなって…
今ではきれいに
全快している
そうです
今までずっと
故郷から
離れてたけど
戻ったら なんだか
里心がついちゃって
私も歳だし
妹の家のほうに
引っ越そうかな
鈴木さんも
ご自分の道を
歩いていきます

ガシャーン
どうしました!?
303号室の人が暴れて…
私におまかせください!
危ないよ瑠璃子さん!!
あの人アルコール依存症なんだ
ヘタに手を出さないほうがいい
警察呼んで!!
ウー
ウー
警視庁
POLICE
…なんだアンタは
警察署
君の身元引受人
希望荘管理人の祖父じゃよ…
303号室　若井《わかい》 清《きよし》 (35)
コッ

わしの可愛い孫娘にあまり世話をかけないでほしいんだがな…
はっ
金持ちの道楽人か…
アンタらみたいのに何がわかる
妻も子どもも俺を捨てて出ていった…
会社もとっくにクビになったし
俺なんかとことん墜《お》ちるしかないんだ…
そうだろうな
“自分はダメだ”そういえばダメになる
“這《は》い上がれる”と思えば這い上がれる
人間とはそういうものだ
何をいっているんだ!!
這い上がれるといったらそうなるなんて
そんな都合のいい話があるかよ!!

あるさ
コツ
では
試してみるか？
わしのいう
とおりにしてみろ
望むものすべてを
手に入れられるように
してやろう
…は？
ぴた
まずはその
後ろ向きな考えを
捨て去りなさい
どんなふうに
変わりたいのか
想像しなさい
〝自分はシラフだ〟
〝満ち足りて
幸福で健康だ〟と
…おい
じいさん？
毎日　朝晩5分
声を出して
自分に宣言しなさい

今いったことを
3カ月つづけて
みるといい
まったく違った景色が
見えてくるはずだ
なっ…
がしっ
何をワケの
わかんねぇこと
いってんだ!
このジジィは!
君は…
今までずっと
逃げてきたんだろう?
!!
"世の中はどうせ思いどおりにならない"
"がんばっても報われない"
今までずっと
絶望という檻《おり》の中で
甘えてきたんだ
努力しないことの
いい訳が
できるからな
まずはその
甘えたクセを
直してみろ
すべては
それからだ
てめぇ…

…ではひとつ
賭《か》けをしてみよう
〝君が1年以内に アルコール依存症を克服して 社会復帰できるか〟
わしのいうことを 聞いても ダメだったときは 財産の半分を 本当にくれてやる
成功すれば 金は入らないが 君は大きな メリットを得る
ダメでも 大金が手に入る
どっちに転んでも 損はないじゃろう？
そんな話 信じるかよ…
さっきから 宣言するとか なんとか…
牧師か 何かかよ おまえ！
俺は宗教とか 大っキライ なんだ！
いや
宗教では ない
〝科学〟だ

自分に絶望すれば脳は体にブレーキをかけようとする
不安
どうせダメ…
扁桃体
ストレスホルモン
コンディション悪化
逆に自分を信じれば脳は体を元気に動かせるよう
わーい
快感
快感物質で体を満たす
側坐核
快感物質
セロトニン
ノルアドレナリン
ドーパミン
コンディション改善
神さまに頼るまでもない
人間自身がコントロールできる術《すべ》だ
このまま"ダメな自分"に甘えていたいなら
無理にやれとはいわないが…
あっ
ああ!!
わかったよ!!
その話に乗ってやるさ
あとで財産が半分なくなっても惜しがったりするんじゃねーぞ!

おーい
毎日ちゃんと唱えとるか?
なっ
またきやがったこのジジイっ
アルバイト探す気になったかよしよし
うっせーついてくるなよっ
バイトつづいてるなよしよしがんばれ
うるせえっ
……なんなんだあのおせっかいジジィ……
……
ビジネススクールパンフレット
…そんなこんなでこのジジイとケンカしながらの3カ月だったのう
イヤミいうなって…
くすくす
まぁいいじゃないか
い いや いわないでくださいよ

わしの財産なんてどうでもよくなったじゃろ？
君は十分に自分の宝物を手に入れたしな
ううっ
…ちゃんとアルコール依存症を克服して
ビジネススクールに入り
立ち上げたビジネスをしっかり軌道に乗せたんじゃから
なんかうまく乗せられたような気もしますけど…
うーん
いや君の努力のたまものだ
……
今日は奥さんと娘さんが実家から戻ってくるんじゃろ？
よしっ
カッコよく決めて変わったところを見せてやらなきゃ
はっはっ

解説

嫌なこと、つらいことを吹き飛ばす！
心と体の健康をとり戻す秘訣
——体調だって思いどおりになる!!

「お医者さんにさえ原因がわからなかった病気が、妹と本音で話したことで治っていくなんて、不思議ね」

「まさに〝病は気から〟ですな。私たちは医療技術に頼りがちですが、『教会で祈ったら末期がんが治った』など、**医学では説明ができない快復をとげた人は非常に多い**のです。ラムネ菓子を薬だと思って飲むと調子がよくなる、というのも、**快復するという信念**を潜在意識が実現したのです」

「……俺はじいさんの言葉なんて信じていなかったのに、なんでうまくいったんだ？」

「ふふふ。毎日願いを口に出しているうちに、『本当にそうかも』と感じた瞬間がありませんでしたか？　**疑いが期待に、期待が確信に変化したとき、潜在意識の力が働いたんですよ。**おじいさまがどんなにしつこくいっても、若井さんが信じなければ意味はなかった。おじいさまはただのきっかけで、成功したのは若井さん自身の力です」

▲約３人にひとりが病気やけがを自覚している。入院者も含めれば、不調な人はもっと多い。

「平成 25 年国民生活基礎調査」（厚生労働省）より

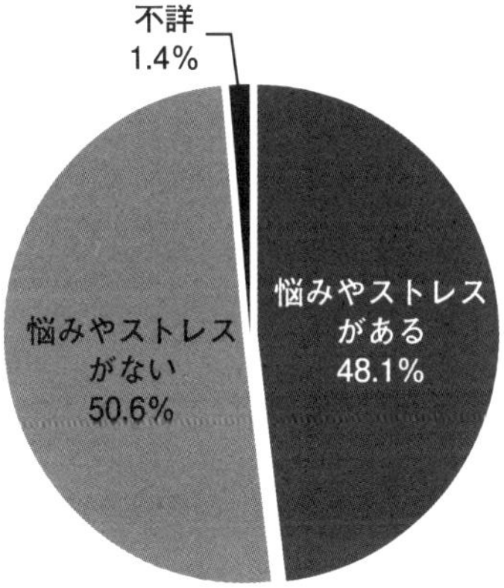

▲悩みやストレスの有無。大人から子どもまで心にしこりがある人がとても多いのだ。

快癒を確信すれば奇跡的治癒のための壮大なメカニズムが働く

「平成25年国民生活基礎調査」（厚生労働省）では、病気やけがで自覚症状がある人の割合は、人口1000人あたり312・4人です。つまり、**約3人にひとりは体に不調を抱えています**。また、約半数が「日常生活での悩みやストレスがある」とこたえました。

これを知って、「病気やストレスと無縁の人生なんて送れるわけがない」と思うのは尚早です。マーフィー博士の著書には、末期がんや悪性腫瘍が治った人、絶望のどん底にいた人が一転して思いどおりの人生を手に入れた「奇跡」のエピソードが数多く紹介されています。

この「奇跡」は、あなたも何度か体験したことがあるはずです。思い出してみてください。転んだとき、カゼを引いたとき、おなかを壊したとき……、自分の力で乗り越えてきたではありませんか。

病院や薬に頼らなかったのは、「どうせ明日には元気になる」と確信していたからではありませんか？　それこそ、潜在意識の無限の治癒力による「奇跡」なのです。「治らないかも……」と疑えば、体調はよくならないのです。

✦“良質の暗示”は、どんなクスリよりも絶大な効果がある！

潜在意識の力の効力は、人の思いの強さによって変化します。

イエスやブッダ、あるいはお守りのご利益などを強く信じる信仰心は、ときに絶大な治癒力を引き出します。たとえば、フランス南西部の小さな町、ルルドはカトリックの聖地です。聖母マリアの啓示で湧き出たという「ルルドの泉」の水には病を治す力があると信じられており、その水を飲んだ人の難病が治ったという例が、これまで2000件以上も報告されています。

特別な場所に限らず、強く信じるものならなんでもよく、贈り物のアクセサリーに祈ったら病気がよくなったという事例もあります。

「子どもが高校を卒業するまでは、わが子の成長を見守ってやる」という自分自身の強い信念のもとに、余命宣告をはるか何十年も超えて、

…気持ちを
押さえ込んだら
逆効果でしょう
今のあなたは
毒を深いところに
押し込めている
だから体が
悲鳴をあげて
いるんです
工場だってエントツに
フタをしてしまったら
煙が逆流して
大変なことになるでしょう?
たしかに…

▲病気のもとになるのはウイルスばかりではない。吐き出せずにいる悪い感情が体調不良の原因となることは現代医学でも明らかになっている。

元気に暮らした人もいます。

「よく効く薬だ」といって、ただの砂糖水を飲ませてみても病気が治ることがあるように、どんなものであれ、ゆるぎない強い思いを抱いた人に、奇跡は起こるのです。

今日、当たり前のように行われる外科手術は体の一部を切り取るなどの荒療治です。

あなたの体を**傷つけず、完ぺきに、いっさいの副作用もなく癒すことができるのは、潜在意識がもつ無限の力だけ**なのです。

ストレスに、みじんもやられなくなる〝調和の冥想〟

ストレスを受けることはよくないことだと思

われがちですが、中にはいいストレスもあります。これを**ユーストレス**（eustress）と呼び、悪いストレスは**ディストレス**（distress）と呼びます。いいストレスは元気やヤル気を引き出し、悪いストレスは不安や焦り、怒りなどの原因となります。

何がいいストレスになるかは、その人しだいです。たとえば能力テストも力だめしだと思って楽しめる人にはいいストレスとなり、落ちたらどうしようと考える人には悪いストレスとなります。つまり、**潜在意識の力を引き出すためのポジティブ・シンキングは、ストレスに打ち勝つための武器にもなってくれる**のです。

悪いストレスでがんじがらめになっているときは、ゆったりと横になって目を閉じてくださ

い。そして、「爪先が楽になった」と声を出して自分の体に話しかけてください。そこから足首、ふくらはぎ、太もも……と、頭の先まで全身の各部位にも同じように話しかけ、全身がリラックスしてきたら、つづけてこういいます。

「無限の絶対的な愛が、私の魂をあふれるほどに満たしています」

朝晩、15分ほどこの方法を実行した人の多くが、血圧が正常になった、人を妬まなくなった、気持ちが明るくなった、と喜んでいます。悪いストレスから解放されれば、ネガティブな気持ちも拭《ぬぐ》い去れ、日々快適に生きられるでしょう。

願いを口に出すだけなら5分でできますが、体をほぐす時間も取れるように、ストレスから解放される朝晩15分の習慣をお勧めします。

Chapter 05

不幸になるのは自分が幸せに背を向けているから⁉

——幸福は、手を伸ばせば届く場所にある

三谷さんも
ついに
希望どおりの
転職先が見つかり
とっ
ときどき
様子見にきて
あげるわよ
なんと！
バイク便の
ライダーだ
そうです
瑠璃子さんのお茶
また飲みたいしねっ
新しい
会社の近くに
引っ越して
行きました
自分の幸せを
見つけた
住人たちは
次々と旅立ち…
これで私と
305号室の上田さん
の2部屋だけですね
そうですね
304号室
の岡林さん
築100年の
古いアパートに
この先… とかは
ないんだろうけど
なんだか
落ち着くというか
温かいというか
なんだか
淋しいなぁ…
私はここが
好きだなー…
……
いずれは
取り壊し
なんだろうけど
なくなって
ほしくない…
あれ？

この時間はいつも上田さんの歌声が聞こえるんだけど
音大の声楽学科の子ですよね？
ええ
ドタドタドタッ
はぁ
はぁ
……っ
びくんっ
瑠璃子さんどうしよう〜
わっ
歌えなくなっちゃった〜っ
くすん
…会話なら問題ないんです
歌おうとすると声が出なくなって…
お医者さんは精神的なものだっていってるけど…
305号室　上田美卯《うえだみう》（19）

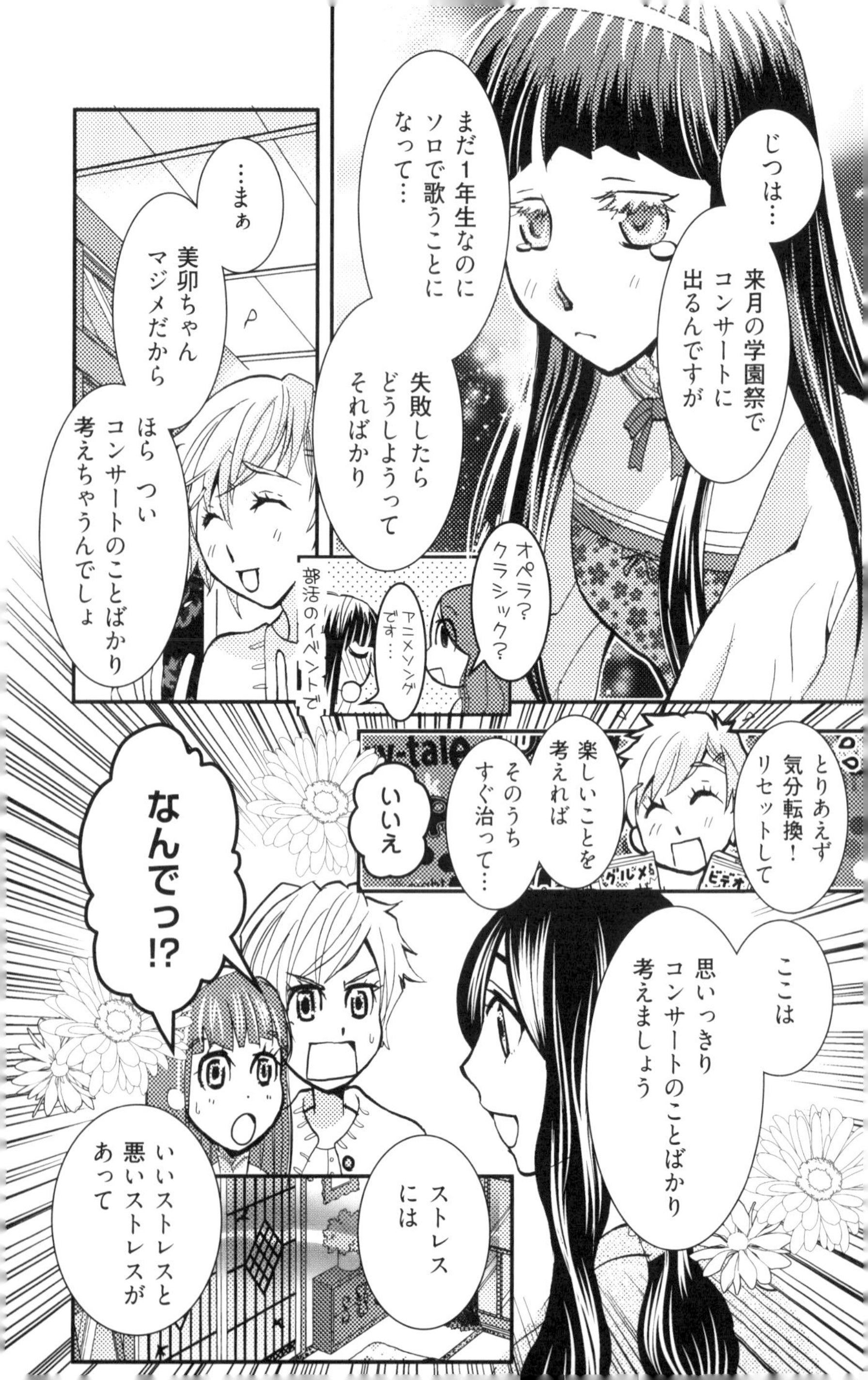

じつは…
来月の学園祭でコンサートに出るんですが
まだ1年生なのにソロで歌うことになって…
失敗したらどうしようってそればかり
オペラ？クラシック？
アニメソングです…
部活のイベントで
…まぁ
美卯ちゃんマジメだから
ほら ついコンサートのことばかり考えちゃうんでしょ
とりあえず気分転換！リセットして
楽しいことを考えれば
そのうちすぐ治って…
いいえ
ここは思いっきりコンサートのことばかり考えましょう
なんでっ!?
ストレスには
いいストレスと悪いストレスがあって

悪いストレスは仕事の能率を下げるけど
ほどよくて前向きなストレスならば
人間の能力を最大限に引き出してくれるの
良いストレス
→ユーストレス
負けないぞ〜
前向き
ポジティブにとらえる
悪いストレス
→ディストレス
ネガティブ
いやだ〜
健康に悪い
ぽん…
目をつぶって…
コンサートが大成功するところを想像してみて
舞台装置やライトの色
お客さんの一人ひとりの喜ぶ表情
一つひとつリアルに美卯ちゃんの思うままに
そ
そんな…

美卯ちゃん
そのコンサートが失敗する確率って何%だと思う？
えっ
もし失敗したとして
美卯ちゃんがそのあと立ち直れなくなる可能性は？
美卯ちゃん 毎日ずっと一生懸命練習したんでしょう
それなら
失敗する確率が高いって思うほうが不合理じゃない？
…はい!!
ワァッ

みんなーっ
今日はありがとーっ!!
ワァァァッ
ウフフ
知らない歌だけど楽しそうですなぁ
本当にアニソンだった…
美卯ちゃんいい声でしたねー
今度 防音設備の整ったマンションに移るそうです
希望荘だと本気の声量では歌えないから
あー…
それは まぁそうなりますよね…
……?

…岡林さん
304号室　岡林若菜《おかばやしわかな》（26）
私の正体をずっと隠していたのはごめんなさい…
でも 管理人の仕事もきちんとやっていたつもりよ
……立ち退き勧告はずっと受けていたけど
ちっともわからなかった…
まさか…瑠璃子さんが
地上げ屋の一味だったなんて…
いえ 地上げ屋ではありません
上げてないし
上げるも何もすでにここの所有権はうちにあるので

ここは祖父の事業のために必要な土地です
立ち退きにあたって弁護士まかせにするのではなく住人の皆さん一人ひとりを知りたかった
最後の住人になったあなたにもここを旅立っていただきたいんです
今までとても親身に住人の悩みを聞いていたのも
少しでも早く追い出すためだったの…？
…違います!!
せっかくご縁ができた人たちだから全員 ここを卒業したあとも 幸せになってほしいと思って…
卒業なんてしたくない!!

…わかってるわよ
こんなボロアパート
雨漏《も》りはするし
すきま風は
ひどいし…
住人は… もう
私ひとりで…
このまま住み
つづけるなんて
ありえない…
でも
ボロいけど
あったかくて
安心できて…
岡林さん…？
…かぁあ
私は
ここじゃなきゃ
ダメなのっ!!
岡林さん!!
だっ
……
ピンポーン…
あの…
こちら
「希望荘」
ですよね…？
岡林さんって女性
いらっしゃいますか？

大人気なくキレちゃった…
あんなこと瑠璃子さんにいっても仕方ないのに…
はあ。。
どうしました？
こんなところで女性が涙なんて…
…あなたは？
ほっといてくださいっ
そうはいきません
私のせいで あなたは泣いているのだから
!!
マーフィー・コーポレーション会長…
瑠璃子の祖父です
はじめまして

僕は若菜さんの会社の同僚で
先日… 彼女にプロポーズしたんです
でも断られました
あなたのことは好きだけど
自信がない 怖い…って
彼女は子どもの頃お母さんにダメな子とかできない子とかいわれつづけたせいで
自分に自信がもてないんだ…といっていました
……
そうだったんですか…
母はとても優秀な人だから何もできない私を見てイライラしたのでしょうね
早くしなさい
ぐずぐずしない!
だからいつもダメなのよ あんたは
楽しく話していてもいつも最後には怒らせちゃって…

そんな母も去年病気で…
バカみたいだ私…
もういいかげん許してあげなきゃいけないのに
瑠璃子さんがよくいいますよね“潜在意識が大事”って
それですよ
母の言葉が潜在意識に刷り込まれちゃったんです
でも…希望荘に住んでいると
すごく落ち着けるんです
ボロボロでもどこか安心できる
温かくて
現代社会に取りのこされたみたいな建物だけど
そんな建物がこうして都会で息づいて
弱くてヘタレな私もここにいていいよっていわれてるみたいで
……
でも…
それでいいんですか？

ザァ…
あなたが希望荘に癒されたいのなら
もう少し工事を先に延ばせるが
どきっ
それでいいのかな?
自分に自信がもてないままで
…でもっ
ぎゅっ…
あなたは
今までの人生どれだけの人と出会ったのかな?

その人たちと思いきり笑ったことは？
お母さんに愛された記憶は本当にひとつもないのかい？
どうしてつらい思い出を自分の心の一番上に置くのかな？
あはは
人は自分自身が幸福で満ち足りていなければ
他人を許すことはできない
ママー
だからまずあなた自身がたっぷりと幸福になって
それから
ゆっくりと思い出の中のお母さんと和解してあげなさい…

……
あーーっ!!
タカユキ!
若菜!!
どうしたっ
オレに話せ!
いってみろ!
もしや立ち退き問題で地主にいじめられてるとかっ!?
違うわよ!!
何いってんのタカユキっ
だって泣いてるじゃないかっ
もうタカユキってばいつも早とちりなんだからっ
ぺこ
大丈夫かっ
ぺこ
世界があなたをどう思うかではなく
あなたが世界をどう思うか

それが　あなたの世界のすべてなのだから…
どうした？瑠璃子
おじいさま…私…　ずっと心にひっかかっていたことがあるんです
私は住人の皆さんの幸せのために希望荘にきましたが
立ち退きそのものはビジネスのため
こちらの都合で出ていってもらうのは心苦しく感じていました
う…
まぁ…そうじゃな
でも
私も　このアパートのためにできることを見つけました！
もうひと仕事させていただけますか？おじいさま

解説

驚くほど簡単に、人生が好転する！
「前向き人間」に生まれ変わる！
——自然の流れに身をまかせよう

「岡林さんのように素敵な女性が、過去の苦い思い出にとらわれて自分を否定しながら生きていくなんて、もったいない。これからは自ら不幸な道を突き進むようなことは、しないでほしい」

「はい。母も、私の幸せを喜んでくれると思います」

「私、あんなに怖がっていたのが不思議なくらい、コンサートが楽しかったです！　失敗する可能性を考えるなんて、自分の努力や周囲の期待を信じていないということですものね」

「そう。ビジネスでは『つねに最悪の状況を考えろ』というけれど、それは**失敗を避けるために必要不可欠なプロセス**なの。**不測の事態に備えて、あらゆる手を打っておく。**だから、実際に行動するときは、必ず成功すると信じて動けるというわけ。それを勘違いして、何の備えもせずにただ心配ばかりしている人に、成功は難しいわ」

▲岡林さんは潜在意識に刷り込まれた悪いイメージに負けていた。マーフィー理論で物事を前向きにとらえる習慣をつければ、驚くほど簡単に自分を変えられるのだ。

潜在意識の無限の力を、生かすも殺すも自分しだい!!

「できるかどうか、やってみなければわからない」というセリフが、ドラマや小説では前向きな意味で使われていますね。**でも、これでは潜在意識の力を十分に引き出すことはできません。**成功を強く信じている反面、「できないかもしれない」という思いを捨てきれていないからです。

電気は、つねに電位の高いところから低いところへ流れます。道を明るく照らすこともできれば、人を感電死させることもできます。あなたの気分に合わせて性質を変えることなどありません。潜在意識も同様で、**できると思えばで**

きる方向へ、できないと思えばできない方向へ働きます。

悪（evil）という言葉を逆から並べ変えると、生きる、人生を楽しむ（live）という言葉になります。**嫉妬や否定、ネガティブな感情はすべて、自然の流れに逆らうもの、つまり悪です。**

マーフィー博士がネガティブな感情を捨てなさいと説くのは、「自然の流れに逆らわず、あるがままで生きよう」という意味なのです。「できないかも」と不安に思うのではなく、**「果報は寝て待て」の姿勢でベストを尽くすこと**こそ、潜在意識の力を十全に引き出すコツです。

愛や美、富、健康なども、自然の流れに乗って正しくこの世にあらわれています。正しく努力したなら、あとは川面に浮く木の葉のように、力を抜いて自然の流れに身をまかせていれば、幸福に流れつくのです。

こんなに有能で忠実な「心のビデオ」を活用しない手はない！

潜在意識に願いを刻み込むのに、とっておきの方法があります。

真っ暗な家の中で、スクリーンにビデオを映して見ている光景を想像してください。ビデオの主人公は、願いが実現したあなたです。

そのビデオをできるだけ頻繁《ひんぱん》に、そして鮮明に心のスクリーンに映し出すのです。お気に入りの映画を何度も見るように、ストーリーもセリフも、背景の細部まで繰り返してください。

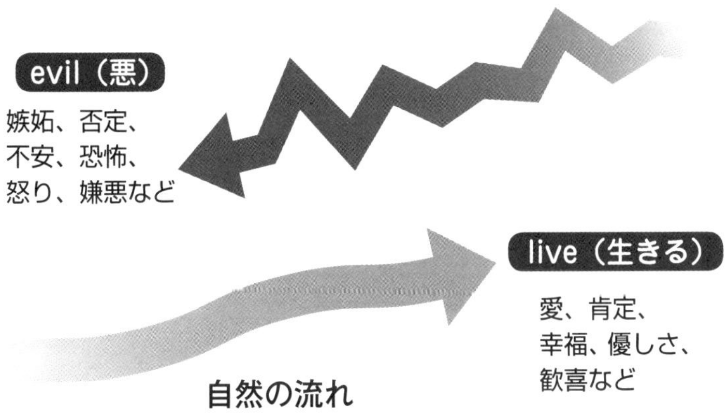
evil（悪）
嫉妬、否定、
不安、恐怖、
怒り、嫌悪など
live（生きる）
愛、肯定、
幸福、優しさ、
歓喜など
自然の流れ

▲すべての力は同じ根源から生まれるもので、違いは流れる方向だけ。悪い力を使わず、惑わされないように心がければ、悪とは無縁の生活を送れる。

もうおわかりでしょう。家はあなたの心、スクリーンは潜在意識、ビデオは願望です。**この「ビデオ再生法」は、人生のあらゆる問題に対する最も確実で有効な解決方法です。**心の目で見た心のビデオは、必ず現実のものとなります。

マーフィー博士の講習に通っていた株のトレーダーの男性は、自分の成績を上げることや昇進ではなく、自分の助言でクライアントをもうけさせることがやりがいでした。彼は毎日、**顧客や友人に「君のおかげで大当たりだ！」と称賛される光景**を思い浮かべていたそうです。もちろん、彼が担当したクライアントは大もうけし、彼自身も大きな利益を得ました。

これはビデオ再生法を使った典型的な成功例

です。心で思い描く願いと、口に出す願いがピタリと一致していたため、潜在意識も迷うことなく彼の願いを実現できたのです。

✦いい種を心にまいて収穫する!

最近、悪いことばかり起こると思ったら、潜在意識にネガティブなイメージが刻まれているサイン。そんなときは書き損じた紙をくしゃっと丸めて捨てるように、**心をリセットしてポジティブな願いを上書き**してやりましょう。

ある男性は、人生で何度も挫折を味わっていました。彼は初めて挫折したとき、「次も失敗するに違いない」と自己暗示をかけてしまったのです。彼の潜在意識はそのイメージに反応し、失敗するように動いていたのです。

マーフィー博士のもとを訪れて、潜在意識が悪いイメージも現実化することを知った彼は毎晩、今までとは反対に上司と握手しながら称賛される自分の姿を想像してすごしました。

その3週間後、思い描いたイメージとまったく同じように称賛され、昇進が決まったのです。ネガティブな感情が強いエネルギーをもっているのは確かですが、100%信じたポジティブな願いが負けることはありません。

人生は、豊かさの種をまけば豊かな実りに恵まれ、貧しさの種をまけば、貧しい収穫となります。どうか、幸せの種を心にまいてください。その種が枯れずに育つか、希望どおりの実りになるかは、あなたの信じる心しだいです。

Epilogue

ほしいもの全部を手に入れて最高の人生を送る！

――何かを得るために代償なんて必要ない！

1年後——
うっわー…
もうこんなでっかいビルが建っているんだ…
はやー…
ほー…
……
三谷さん!!
鈴木さん!!
久々の東京で迷っちゃった
新しい仕事は順調？
おかげさまで
おみやげ！
Fresh Apple
ここもすっかり変わっちゃったわねー
希望荘があったのはあの木のあたりかな？
地図はもってきた？
うん
ここから10分くらいだって
…あ

うわっ…
希望荘だ…
なつかしーい…
玄関も
タイルの模様も
そのまま…
ライブカフェ
希望亭
景観保護のNPO法人も参加して
今はライブのできるカフェになってるんですって
岡林さん!!
あの場所から移築して
補強工事と一部デザインを変えて
結婚式いつ?
てへっ
ここすっごく声が響くよ
あー
パパー
騒いじゃダメだろ翔太っ
いいんですよ

銭湯の構造はもともと音がよく響くんです
だからライブ会場にもとても向いているんですよ
瑠璃子さん!!
お久しぶりです!
ますます美しくなって…
ニコニコ
ちょっと魔女ぽくてコワイ
玄関に破《は》風《ふ》をもつ宮型造り銭湯
建築時期は短く関東大震災以降昭和四〇年代まで
銭湯建築は貴重な文化財として最近見直されているんです
壊してしまうのはもったいないって
こんなふうに再利用されるケースが多いんですよ
今日は美卯ちゃんのソロライブなんだって?
それで皆さんをお招きしたんです
同窓会もかねて

……
ずっと…
考えていたんです
祖父に命じられて皆さんの未来を幸せにするために私はここにきたけれど
アパートの土地がほしいのはあくまでも私たちのビジネスのため
心苦しく思っていました
岡林さんが希望荘の温かさが好きといっていたのを聞いて
気づいたんです
何かの方法で
せめてこの空間だけでもこのまま守れないか
区にかけあって文化財登録の申請をしたり
NPOの協力を取りつけたりでバタバタでしたけど
室内デザインは僕が協力してみました
インテリア関係の友人も巻き込んで
ノウハウの点でちょっと協力を…

ここだけの話
祖父の会社にもちょっと予算の援助をお願いしました
ダメならマスコミに祖父のプライベートネタ売りますよって
え
……
私たちを元気にしてくれて
そのうえ
まったく…
なんでそう瑠璃子さんは無茶にパワフルなの
美人で頭よくてなんでもできて
みんなの思い出まで守ってくれて
私はいつでも〝欲深い女〟なんですよ
願ったものはあきらめない
たとえ いくら周りが無理だといっても

あきらめなければ必ず夢はかないます
それが一番大切な祖父の訓《おし》えなんです
…旦那さま
中には入られないんですか？
あれは瑠璃子の功績だからな
ねぇねぇ
瑠璃子さん ところで あのおじいさんは？
わしはここでいい…
まさか亡くなられたとか…!?
ぴきっ
わしゃ元気でピンピンしとるわい!!
きゃーっ
バターン

解説

ほしいものすべてを手に入れろ！
願いはいくらでもかなう!!
——どれだけ欲深でも大丈夫！

「てっきり取り壊されてると思っていたから、希望荘がのこっていて嬉しいね！」

「瑠璃子さん、穏便《おんびん》な立ち退きのために私たちの人生を好転させてくれてありがとう！
やっぱりただの管理人じゃなかったんですね。おじいさんのビジネスを成功させ、希望荘をライブカフェにリノベーションして文化財登録まで……」

「私、欲深い女ですから、ひとつ願ったら全部ほしくなってしまって。ふふふ」

「瑠璃子さんを見ていると、マーフィー理論の『願えばかなう』は本当なんだって、しみじみ感じるなあ」

「**潜在意識を船にたとえると、顕在意識が船長、願いが進行方向です。**座礁《ざしょう》するか、宝島にたどりつくかは、自分しだいです」

▲瑠璃子のように、周囲がなんといおうと本人が信じ、あきらめなければ潜在意識は必ずこたえてくれる。

よい占いも悪い占いも、確信してしまえば真実になる

たとえば、インチキ占い師に将来の失敗や病気を予言されたとしましょう。

でたらめな占いでも、その内容をあなたが信じてしまったら、潜在意識はそれを実現するために動き出してしまいます。しかし「病気で1年以内に死ぬでしょう」といわれても、「私は100歳まで元気に生きる！」と信じていれば、命を落とす結果にはなりません。

人間に、あらかじめ定められた運命などありません。あなたが願い、唱え、心の底から望んだこと、それがあなたの運命にほかならないのです。

あなたの潜在意識は、顕在意識が確信していることのすべてに反応します。**信じたいと望むだけでは、弱く不十分です。願うときに使った言葉一つひとつ、すべてに確信をもっていなければなりません。**

「思考のブーメラン効果」に悪感情を乗せてはいけない！

誰かに不幸になる暗示をかけられても、あなたがその言葉に惑わされなければ、効果はありません。むしろ、あなたに否定的、攻撃的なイメージを抱いた相手のほうが、**自分が暗示したとおりの不幸を受け取る**ことになります。しかもそれは、かけた暗示の何倍もの強さです。

これを**「思考のブーメラン効果」**といいます。よいことを願えば、願った以上のよいことが舞い込むように、悪い感情をもてば、それ以上の悪に襲われることになるのです。

他者を愛したいと思えば愛情にあふれた人になり、自分も多くの人に愛されます。自分以外は敵だと思えば、会う人会う人、みんながあなたを敵視するでしょう。

貧困や犯罪をなくしたい人が、貧しい人の不幸や犯罪の恐ろしさばかりを考えれば、本人も貧困や犯罪に巻き込まれることとなるでしょう。貧困や犯罪をなくすには、平和で平等な世界を思い浮かべたほうがいいのです。

成功哲学の祖と呼ばれるナポレオン・ヒルは、20年かけて500人以上の成功者や資産家

感情的にならないコツ

▲「いいこと」がつづくのは幸福なこと。だが、心の天秤がいいほうに大きく傾いているときに悪いことが起こると、とても不幸になったように感じてしまう。苦難や悲しみは次の大きな幸運をつくり上げるための材料だと心得ておけば、感情を大きく乱されることもなく、穏やかに受け止めることができる。

に取材をするうちに、自分も成功者となっていました。思考のブーメラン効果をよいほうへ利用したのです。現状を悲観するより、いい未来を想像することが大切なのです。

心のバランスを保っていれば、恐れるものは何もない！

マーフィー理論を存分に活用して、前向きに生きていれば「もうこの先の人生に悪いことはいっさい起こらない」と思うかもしれません。しかし、マーフィー理論が悲しい出来事すべてをこの世からなくしてくれるわけではありません。そこは誤解しないでほしいのです。人が死ぬのは自然の摂理ですし、人類の成長段階においては、痛ましい事件も起こるでしょう。そうした悲劇に見舞われることもあるのだと心の準備をしておかないと、潜在意識が大打撃を受けてしまいます。

心に大きなダメージを受けないようにするには、**日頃から心のバランスを保つ**ように意識することが大切です。たとえば、テレビで見た暗いニュースに同調して、暗い未来のことばかり考えたり、怒りや悲しみを抱えたりすれば、暗い感情や思考で潜在意識は満たされてしまいます。暗いニュースを見たら同じくらい明るく希望に満ちたイメージに接するよう心がけてください。そうすれば、心がネガティブなエネルギーで満たされたり、願いの成就が阻まれたりすることもなくなります。

心のバランスを保つとは、プラスの感情とマイナスの感情を乗せた天秤《てんびん》を、釣り合っている状態にするということです。**いいことがあったからといって、調子に乗って潜在意識の導きを無視しないこと。**そして**悪いことがあったときに、ネガティブな感情にとらわれて、自ら潜在意識の力に背を向けないこと**が重要なのです。

具体的には、120ページで紹介したような「ストレスを解消して、心と体を解きほぐす方法」を実践するといいでしょう。何もせず、ただボーッとするだけでも効果があります。

何も考えずにリラックスしている時間こそ、潜在意識にイメージを届けやすく、逆に潜在意識からのメッセージもあなたの顕在意識に届きやすくなっています。

特別授業編

世界一シンプルで簡単に、願いをかなえる！

——マーフィー理論のコツをおさらいしよう

はい！
本編読了お疲れさまでした！
特別授業編では物語内に出てきたマーフィー理論を改めておさらいしてみましょう
瑠璃子さん…
その格好は…
一回やってみたかったんですこういうの
それは置いといて
ジョセフ・マーフィーはアイルランド生まれアメリカで活躍した牧師さんです
やあぼくマーフィー
また会ったね
Joseph·Murphy 1898～1981
神学のほかにも哲学・化学など5つの博士号をもち
世界中を精力的に講演して回った著述家でもあります

幼少期から
不思議な体験が
多かったそうで
妹が
祖母の死を
予知したりとか
精神的なものに
関心をもったのは
この頃の影響かも
しれません
青年時代
大病を自力で
治したりとか
長じて
牧師として
たくさんの人の
悩みを聞くうち
マーフィー博士は
あることを
考えるように
なりました
必死に何年も
がんばっても
報われない人
逆に あっさり
幸福になれる人
どうして
この違いが
生まれるのだろう?
で
自分の
潜在意識を
うまく活用
できる人と
そうでない人が
いることに
気づいたのです

ハッキリとした意識下にある〝顕在意識〟に対し
人の心の広大な領域を占めるのが〝潜在意識〟
マーフィー博士は氷山の水面下のようなこの部分を上手に活用する方法を考えました
その方法が
自分の夢や希望を言葉にして自分自身に語りかける方法
いわば潜在意識への自己暗示——
医学用語でアファメーションと…
瑠璃子さん瑠璃子さん
三谷さんが目をあけたまま寝ちゃってます
ぐー…
もうちょっとわかりやす～くお話ししたほうがいいのかしら
なっ
しっ失礼な!!
ちょっと学校の授業を思い出して眠くなっただけよ!!

潜在意識の法則
潜在意識への語りかけはいろいろ注意点があります
ところで彼氏まだなのね
今の仕事に夢中で
まず〝本気で信じる〟
〝できるかも〟とか
山賊王に俺はなる!
〝無理かも〟〝ダメもとで〟とか
だからやめれってば
そういうのはNGです
〝習慣にする〟
時間や回数は自由ですけどね
ぜったい○○社に入る!
オススメは朝と夜 5分ずつ語りかけること
ニャ
○○になりたい!
そして大切なのは声に出して〝唱えること〟
でっ
でも なんで口に出さなきゃいけないんですか?
かあぁっ
はっ 恥ずかしいじゃないですか
あんなことやこんなことや とっても口に出していえませんっ
はわわ
お…岡林さん?

大丈夫だよ 若菜
僕は君が何を望んでも驚かないから
本当？ タカユキ
…たぶん
……
…でもさ
たしかに人に聞かれたらヤバイじゃん
安普請《やすぶしん》のアパートで隣の人に聞かれたりとか
彼氏ほしい彼氏ほしい
ぶーぶー
まあ…たしかに時と場合によっては注意が必要ですが
声に出すアファメーションは科学的根拠があるんです
マーフィー理論以外でも推奨されてます
"心で唱える"ときには脳の働きしか使いませんが
これに対して声に出したときは体の多くの器官を使うわけです
耳
脳
口
体をたくさん動かす分潜在意識に刻み込まれやすくなるのです
リラックスしてやると効果がさらに大きくなります

学校の授業でも教科書を音読する時間があるでしょう？
なるほど
それに
もうひとつ効果もあると思うんです
声に出すのは照れくさい恥ずかしい
ハードルをひとつ上げることで
本気じゃない願いは振り落とされてしまうでしょう？
それって…
たとえば…
美卯ちゃん？
B《バスト》90 W《ウエスト》57 H《ヒップ》93のセクシーダイナマイツな女盗賊《とうぞく》になって世界中の男を手玉に取り宝石に囲まれて暮らす

……とか
…ああ
たしかに…
声に出してみると
どーでもいい
気がしてきた…
すごい
瑠璃子さん…
別に宝石とかいらないし
世界中あちこち行くとか
めんどくさいし
美卯ちゃんの
新たな側面が
あらわに！
いや昔から
こういうコでしょ
夢見がちだしっ
もちろん
テスト会場とか
スピーチ前とか
合コン前とか
エリートの連絡先ゲット
玉の輿 豪邸 高級車…
さすがに声出しは
いくらなんでも…という
場面はあると思うので
その場合
メモに書いておいて
事前に読むと
いいでしょう
「書く」行為も
いい自己暗示に
なりますしね
【ほしいもの】
イケメンエリート、
玉の輿、豪邸、
高級車、宝石…
それを落として
拾われないように

自分の夢は
かなうと
“本気で信じる”ことが
大切なんです
意識下の自分――
顕在意識を
船の船長とするなら
おもかじいっぱーい
※画像はイメージです
マッチョである必要は
とくにありません
潜在意識は
操《そう》舵《だ》室《しつ》の乗組員や
船そのものです
ようそろー
うす
プログラマーと
コンピューター
みたいな関係でも
あります
弱々しい指令では
乗組員には
届きません
あの〜
おもかじいっぱい
してほしいかな〜
なんて…
もしできれば
おねがいしたいような…
きこえない
なるほどー

とにかく人は最悪の事態を考えて〝どうせ…〟と思いがちですが
それに甘えて努力しない状況に陥《おちい》ることが多いのです
「不景気だし」
「あの会社は倍率高いし」
「三流大の俺なんて…」
「彼は学園の王子さま」
「なんの取り柄《え》もない私なんてきっと振り向いてもらえない…」
最悪を想定してそなえるというのはいいのですが
そんな状況で無理にガチガチになってベストの結果は出ないわけです
ど…どうせこの馬うまく走れないんだこわいこわい
なにっ
悪路だけど君を信じてるよ思いきり走ってね！
わーいうれしいなあがんばる！
とはいっても
世の中そんなに甘くないだろ

いろんな立場の人間がいるだろ
たとえば会社をリストラされたとか借金を抱えてるとか
そんなときにバラ色ハッピー♥なんて思えるわけないじゃねーか
あら
もう忘れちゃったんですか？若井さん
せっかく祖父があなたがドン底のときマンツーマンでいろいろ手ほどきしたのに
う
しかも忙しい身であなたの身元引受人になったりしたような
気のせいだったかしら
そのせつはごめんなさいごめんなさい
あああ
くすんくすん
もし 今あなたの現状がうまくいっていなければ
使うセリフをアレンジしてみてください

×
自分の仕事はうまくいっている
今はダメでも
○
自分の仕事はうまくいきつつある
コレなら!
これならウソにはならないので脳内自分ツッコミも防げるわけです
ちゃうやんけ!
脳内ツッコミ
どや!
つっこめない…?
あとは同じ内容でもネガティブな言葉を使わない
健康に不安…
人の脳はシンプルなので単語そのものに反応してしまうのです
×
私は病気にならない
○
私は健康になる
病気!
ライバルを辞めさせてやる!
世界制服!
字が違う!
いうまでもなく邪悪な願いはやめておいたほうがいいでしょう
人を呪わば穴ふたつといいますしね
どきどき
ほ…本当に邪悪なアファメーションをしたらどうなるんでしょう

さあ どうかしら
びくっ
なんなら やってみます? 平野さん
こ…こわかった
しょーもないこと いうから…
自分で自分を不幸にするつもりですか
さて 一番 大切なポイントを 最後にひとつ
頭の中で できるだけ克明に 自分の夢を ビジュアライズ してください
どうでもいいような 小さなことまで きっちりリアルに
夢が 入試の合格なら あこがれの学校の 制服を着て 校庭を歩いている 自分
大きなスタジアムでの ライブが夢なら
選曲の順番 ライトの色 観客の表情 一つひとつ
そんなことまで 必要なの?

人間の脳はシンプルっていってたじゃん
いい男ゲット!!
これじゃダメなの？
三谷さんだんだんシンプルになってきましたねー
最終目標はそれでいいんですけど進む道も決めておきたいでしょ？
おためしあれ
たとえばあなたの夢が
世界一のケーキ屋さんになりたい!!
だったとします
外観はぜったい！こんなカントリー調のかわいいお店
それに似合うのはやっぱり天然素材の体にやさしいケーキかなあ…
俺はこういう伝統的なフランス菓子をつくりたい…
だからいつかパリに留学！
フランス語も今のうちにはじめておかないと…
私は学校帰りの学生に気軽に食べてほしい
コストを下げるために経営の勉強も…
具体的に想像すればするほど〝やるべきこと〟が見えてきます

まずは朝晩5分あなたの夢をあなた自身に語ってください
その夢に一片の迷いもなければ必ず実現します
マーフィー博士はつらいときでも他人を非難せず自分を変えよといってます
願いをかなえる力はあなたの中にあるあとはそれを引き出すだけです
〝理不尽な相手に服従しろ〟〝つらい気持ちを捨てろ〟というわけではありません
ブラック企業とかDV夫からはダッシュで逃げていいんですよ
それを受け入れて前向きに考えることが夢に近づく大きな一歩になるのです

ワワィィ
瑠璃子…
本当に立派になって…
わしの後継者としてそろそろ一人前かも…
皆さん
せっかくこうして元希望荘のみんなが集まったんじゃ
記念写真でも撮《と》りますかな?
えっと…
どちらさまでしたっけ
冗談です冗談ですってばっ おじいさんっ
皆ちゃんと覚えてますってばっ
ライブに乱入したじゃないですかっ
以前は本当にお世話になりました

パシャッ。。。
はーい 撮りまーす!!
ふふふ… まずは一財産築いてやるわ!!
ぐっ
恋愛もあきらめないでね♥
時間はかかっても咲くべき花はきっと咲くとマーフィー博士もいってるから
砂漠のサボテンのように!
今は仕事が命! 恋愛は時機じゃないだけよ!

解説

最高のタイミングで願いが成就する！
あなたの人生を輝かせる秘訣
――毎日の想像が理想の未来を連れてくる!!

願いがかなうにも最適のタイミングがある！

願いがいつ、どのタイミングでかなうかは人それぞれです。植物の種類によって芽が出るまでの時間が異なるように、数日でかなうこともあれば、数カ月、数年かかることもあります。

願いの成就に時間がかかったとしたら、それは潜在意識が**その時期に実現させることがベストだと判断したから**と思って間違いありません。

アメリカの鉄鋼王アンドリュー・カーネギーは、若い頃から「仕事を引退し、人のためになることをして名をのこしたい」と思っていました。彼の願いがかなったのは20年以上もあと、50代も半ばをすぎてからです。会社を売却し、資産のほとんどを世界各地に図書館などを建造するために使いました。カーネギーは最高の篤《とく》志《し》家《か》として歴史に名をのこしました。**どんなに**

時間がかかろうとも、必ず願いは成就します。

ですから、信じつづけてください。

願いがかなうと、このうえなく満ちたりた気持ちになります。体と心から何かが出ていく感じがして、もう祈りは必要ないと感じます。その感覚こそ、あなたの願いが実現した証です。

✦シンプルに、ポジティブに

マーフィー博士はとても簡単なことしかいっていません。自分が何を願っているのか、**ハッキリとイメージすること。**それを**毎日想像し、言葉にして口に出すこと。**そして何より、**強く強く、潜在意識の力を、自分自身を信じること。**

マーフィー理論は道具も知識も必要ない、究極にシンプルな成功哲学なのです。

望みを口に出し、理想の自分を想像し、ネガティブな言葉に惑わされない毎日をつづけているうちに、あなたの口からはポジティブな言葉しか出てこなくなるでしょう。内側から湧き起こるエネルギーも**すべてがポジティブになり、あなたが進むべき最高の道を示してくれます。**問題が起きたら、自分の中にある無限の力をもつ潜在意識にすべてをゆだねてください。まっさらな心に浮かんできたイメージこそ、潜在意識があたえてくれた答えです。

願いがかなったあとに心がけるべきたったひとつのこと

アメリカの第16代大統領**エイブラハム・リンカーン**（1809〜1865年）は、子どもの頃からアメリカをすばらしい国へと導くリーダーになりたいと願っていました。学校に通う余裕もないほど貧しかったリンカーンは、独学で弁護士資格を取得し、ついには大統領の座についたのです。

彼が今も称賛されつづけているのは、**自分の成功が潜在意識の導きであることを自覚し、手にした権力をひけらかさなかったから**です。

人は力を手にすると、自分が偉大で、絶対的な権利をもっていると勘違いし、力の根源が何であるかを忘れてしまいます。わかりやすくいうと、潜在意識のおかげで願いがかなったのに、それを顕在意識が自分の手柄であるかのように自慢している状態です。

顕在意識が傲慢《ごうまん》になれば、潜在意識に見放され、あっという間に幸運や成功を失うでしょう。永遠に幸福でありつづけたいなら、**決して潜在意識への敬意を忘れないでください。**

“感謝できる人”の夢は、かなうことになっている！

アメリカの著名な思想家**ヘンリー・ソロー**（1817〜1862年）は、**「われわれは生を受けたことそのものを、心から感謝すべきであ**

エイブラハム・リンカーン

地位や権力を振りかざさなくても、必要なものは自然と手に入り、不要なものは自然と消えていくことを知っていた。

**君の決心が本当に固いものなら、もうすでに希望の半分は実現している。
夢を実現させるのだという強い決意こそが、何にもまして重要であることを忘れてはならない。**

▲リンカーンは、若い頃から奴隷制度に疑念をもっていた。潜在意識の力で大統領になって奴隷を解放し、思い描いていた理想のアメリカをつくり上げたのだ。

る」といっています。

古今東西、世の成功者たちは感謝の言葉を頻繁に使います。感謝は幸運の親友です。つねに感謝の心をもっている人のもとには、望まずとも、幸運のほうからやってくることでしょう。

日本には、自分の考えをあからさまにいわないことを美徳だとする傾向がありますが、それはとてももったいないことです。愛情や尊敬、感謝の気持ちは心に秘めておくより、**言葉にしたほうが何倍にもふくらんでいい**のです。

家族や愛する人、親類、友人、仕事仲間たちへの感謝も、絶えず口に出して伝えましょう。

地位や権力をひけらかさず、周囲への感謝を忘れないことこそ、潜在意識の力を最大限に引き出すポイントなのです。

まんが版《ばん》
人生《じんせい》に奇跡《きせき》が起《お》こる　マーフィーの法則《ほうそく》

著　者――Joseph Murphy's 無限の力研究会
（じょせふ まーふぃーず むげんのちからけんきゅうかい）
まんが――水島みき（みずしま・みき）
脚本・構成・図版・DTP――ユニバーサル・パブリシング
発行者――押鐘太陽
発行所――株式会社三笠書房
〒102-0072 東京都千代田区飯田橋3-3-1
電話：(03)5226-5734（営業部）
：(03)5226-5731（編集部）
http://www.mikasashobo.co.jp
印　刷――誠宏印刷
製　本――若林製本工場

編集責任者　清水篤史
ISBN978-4-8379-2645-0 C0030